海淀区志拾零（一）

HAIDIAN QUZHI SHILING

北京市海淀区党史地方志办公室　编

方志出版社
Publishing House of Local Records

图书在版编目（CIP）数据

海淀区志拾零．一 / 北京市海淀区党史地方志办公室编．—北京：方志出版社，2022.8

ISBN 978-7-5144-5301-0

Ⅰ．①海…　Ⅱ．①北…　Ⅲ．①海淀区—地方志　Ⅳ．① K291.3

中国国家版本馆 CIP 数据核字（2023）第 050640 号

责任编辑：陈菁
责任校对：刘玉霞
责任印制：梅中英
出 版 者：方志出版社
地　　址：北京市朝阳区潘家园东里 9 号（国家方志馆 4 层）
邮　　编：100021
网　　址：http://www.zgfzcb.cn
发　　行：方志出版社图书营销中心（010-67110500）
印　　刷：北京市凯鑫彩色印刷有限公司
开　　本：787 毫米 ×1092 毫米　1/16
印　　张：11.5
字　　数：231 千字
版　　次：2022 年 8 月第 1 版
印　　次：2022 年 8 月第 1 次印刷
定　　价：38.00 元

北京市海淀区地方志编纂委员会

《海淀区志拾零（一）》编辑部

前 言

本书是对《北京市海淀区志（1996—2010）》（以下简称《海淀区志》）的拾遗，或曰补充。编纂《海淀区志》时，因受志书篇幅限制，许多内容无法记入，而这些内容又具有一定的价值，弃置不用，实属可惜，故采用“拾零”的方式，将其记述于此。

本书可分为以下三个部分：

第一部分《海淀区社会生活与民俗现象》。在编修《海淀区志》的过程中，编辑部感到，1978 年改革开放后，特别是 20 世纪 90 年代后，随着经济和社会的快速发展，人们的生活、文化、风俗、观念等发生了全面而深刻的变化，出现了许多新的现象。这些生活与民俗上的变化，海淀区和北京、全国大致相同，也有一些海淀地方色彩。为保存这一时期的社会生活与民俗变化情况，保留时代的痕迹，有必要将其记录下来，以备后人查阅。基于这一考虑，编辑部在主编周来升的带领下，撰写出这一组文章，并反复进行讨论修改，力求完善。内容涉及家庭、婚恋、生育、健康、择校、家教、留学与归国、就业、消费、节庆、旅游、业余生活、互联网、语言、空巢、豢养宠物，共 16 篇。这些社会现象，多无法作精确的数字统计分析，故采用综述形式记述。记述内容以 1978 年国家改革开放为上限，以 2010 年年底为下限，个别地方略有前溯或后延。虽然我们觉得，这些内容还是比较生动、形象的，但其中一定存在记述不够准确之处。尤其遗憾的是，疏漏的社会生活和风俗内容一定还有许多。

我们希望得到广大读者的批评指正。

参加上述文稿撰写的有于长河、艾春吉、宁葆新、齐勇、李苗、苏文芳、邱如山、张连秀、张秀慈、陈佳立、胥天寿、徐文华、高玉萍、蔡卫东、戴道明。

第二部分《海淀史话》，包括《海淀区创建文明居民区的早期阶段》《海淀区老干部理论学习中心组的三十年》《中关村：共和国的高科技名片》《海淀区商业改革 40 年回顾》《海淀区垃圾处理史话》5 篇文章，是对海淀区 5 个领域的历史回顾。作者均是所述事业的亲历者或领导干部，对所述事业有着深厚的感情，对其发展脉络非常熟悉。因此，他们的回顾，对于我们了解海淀区这些领域的历史，无疑会有所助益。

第三部分《两院院士寄语海淀》。海淀区是全国著名的科技地区，尤其中关村地区，有大量的科研院所和科技工作者，其中工作或生活在这一地区的中国科学院院士和中国工程院院士就有四五百人，几乎占全国的 1/3。他们在为国家发展作出巨大贡献的同时，也深刻影响了海淀地区人们的观念和生活。他们是海淀区宝贵的智力和精神财富，也是海淀区的区情特色。2008 年北京奥运会举办之前，在海淀区科协的筹备、组织下，院士们纷纷用精炼的语言寄语海淀，表达深邃的思想，希望海淀区更好、更快地发展，造福人民。我们觉得，这些文字，虽名曰“寄语海淀”，但又何尝不是这些科学家对北京、对全国的寄语呢！在此，我们向院士们致敬。

《北京市海淀区志（1996—2010）》编辑部

2022 年 9 月

目　录

海淀区社会生活
与民俗现象

家 庭

随着经济和社会的快速发展，作为社会基本单位的家庭发生了一些变化。一是家庭规模变小。四世同堂家庭几近绝迹，三世同堂亦不多见，而多为三口小家，人称“核心家庭”。二是家庭形式多样化。出现不结婚独自生活的“一人世界”、不领证结婚一起同居生活、婚后不要孩子的“丁克”家庭等新式家庭，且数量还不少。父母对此虽十分着急，但也无奈得很。一些失偶中老年人生活孤独、寂寞，愿意找个“伴儿”一起生活，但不领结婚证、不正式组成新家庭。这既可减少双方子女情感上的纠结，也可避免将来去世后的遗产分割纠纷，社会对此也多表示理解。过去男方入赘女方家，俗称“倒插门”，多被人瞧不起，如今女嫁男家虽仍占大多数，但男到女家的也多了，社会上已司空见惯。三是家庭成员各自独立，自主意识增强。子女特别是儿子结婚时，父母一般会为其购置新房，以便各自都有独立的空间。虽不愿同住，但也不愿离得过远，好互相方便照应。四是家长制、父亲权威消解不少。子女对父亲，爱敬之心依然，畏惧之心不再，“长幼有序、等级森严”的家规多有淡化。也有个别人家，儿子可直呼父亲全名，这在过去是完全不可想象的。家里的事情也不再像过去那样都是“父母说了算”，而是家里人一起商量，尤其在子女上大学选专业、就业找工作、找对象等人生大事上，“父母之命”不再是最终决定，而只是参考建议。传统家庭教育少不了打骂，如今大为减少，一则孩子多为独生子女，不舍得打骂；再则是教育观念转变，人们不再认为打骂有效，且法律不允许，舆论也不支持。海淀区为文化教育大区，家长们更注意教育方法。五是父母帮衬孩子多了。过去子女多，父母养活孩子十分不易，孩子成家后，就让他们单过，子女也多能自食其力、独立生活。如今多是独生子女，所以子女结婚成家后，父母还会继续为子女操心。子女生了孩子，因工作忙，或缺乏经验，或嫌麻烦，孩子常由父母帮忙照顾，父母也多愿意。孩子小不用说了，有的一直会帮着带到上幼儿园、上小学。许多年轻人会把父母从农村接到城里来帮着带孩子。幼儿园、小学校门口上下学时接送孩子的家长中，爷爷奶奶、姥姥姥爷不在少数。也有父母怕担责任或嫌麻烦不愿带的。年轻人中也有不愿工作的“啃老族”，由父母帮衬着，甚或完全由父母养活，这种情况过去极少，今则时有耳闻。六是空巢家庭增多。海淀区高校密集，出国留学人数众多，许多人学成后留居国外，形成父母留守在京的“空巢”家庭。中关村一带知识分子扎堆，这种现象更为突出，有的居民楼，空巢家庭竟占多数。年轻人因忙于工作等原因，无法陪侍父母，有将老人送到敬老院的，有给父母请保姆照顾的，有常打电话问候的，也有长期忽视父母不回家的，故产生歌曲《常回家看看》，温情晓谕、切中时弊，歌名也成为社会流行语。七是传统夫权消解。夫妻双方都注重独立，妻子对丈夫的依附性弱化。主要原因是多数妻子参加工作，经济独立，社会角色增强，各方面不再受制于丈夫。多数家庭财政由妻子管，也有双方各管各的。过去家里造屋、挑水、买煤、扛煤气罐、背粮（过去袋装 50 斤）、搬家具、大件修理等重体力劳动，今已不存在或较少存在，且原主要由丈夫承担的在外角色，妻子也逐渐多有承担。过去多由妻子承担的做饭、洗涮、搞卫生、打点家人衣物等琐碎家务，渐次部分地向丈夫转移，但妻子承担的家务仍多于丈夫。妻子对丈夫酗酒、吸烟、赌博等不良嗜好的约束力渐强。但大多数妻子无论内心还是大面上，还是愿意维护丈夫权威的。随着女方维护自身权益的意识、能力及社会干预的强化，丈夫打骂妻子等家庭暴力情况虽仍存在，但发生率降低了很多。也出现女方对男方的家庭暴力，然多为语言暴力、冷暴力。八是家庭维系力弱化。因工作繁忙等原因，老年父母和孩子们，兄弟姐妹之间，平时多不在一起，遇节庆或父母生日等机会，或饭店聚餐，或玩麻将，或全家驾车郊游，或乘飞机去外地、外国旅游等，过后各忙各的。九是传统的“养儿防老”观念淡化。主要是因为老年人一般经济独立，也有社会保险，加之大多数家庭的独生子女生存压力大。就连许多中年人都考虑，到自己老了、不能自理时就去养老院，而不指着孩子养老。十是家务劳动渐趋社会化。为家庭提供送餐、做饭、洗衣、代购、保洁等服务的人增多了。十一是家庭业余生活丰富。人们在解决吃穿住行等基本生活问题后，开始注重精神追求，走出家门参与晨晚练、垂钓、弈棋、收藏、爬山、远足、采摘、旅游、看演出、听讲座、跳广场舞等社会活动。十二是电视、电脑、手机的普及，对社会和家庭人际关系影响巨大。人与世界近了，人与人之间远了。许多家庭成员沉湎于看电视、上网、玩手机，一家人坐在一起常连话也说不起来。十三是重男轻女心理趋淡。“生男生女都一样”，甚至“生女儿更好”的观念渐强，喜欢生男孩的社会心理虽还存在，但也渐成余绪，仅存“续香火”一念。照顾父母，女儿更心细，操心多，故俗语常云“女儿好，女儿好，女儿是妈的小棉袄”。十四是家庭经济中，日常衣、食、用等生活开支占比下降，而购房（北京房价远高于二三线城市）、买车、养育子女（上幼儿园、上学、成家）、预留“看病钱”等开支增大。也有许多人家用闲钱投资房产、股票、基金、期货、古董、字画、保险等。城市建设不断扩展，海淀城乡接合部地区大量农村拆迁，许多家庭获得数额不菲的补偿，因拆迁款分配引起的纠纷不少。十五是健康渐成家庭关注重点。许多人爱看电视上的健康节目，人们普遍重视起饮食平衡、食疗、按摩等，追求健康时尚。十六是“家丑不可外扬”的传统观念淡化。上电视公开说出家庭矛盾以求得帮助的情况渐多，说者不再羞于出口，听者热心分析劝解。“打死也不见官”的观念淡化，上法院解决家庭矛盾的渐多，不但夫妻离婚多上法院，连父子矛盾也有上法院的。同时，保护个人和家庭隐私的意识渐强，个人信息不轻易向外人透露，别人也不主动问，如收入、房产、婚姻、女人年龄等问题。十七是独生子女家庭孩子去世或伤残，父母所受精神伤痛深刻而持久。有的失独家庭自发走到一起，相互慰藉、帮助。其养老问题引起社会、政府关注。

婚　恋

随着经济和社会的发展，婚恋观念和行为发生巨大变化。

择偶标准趋于务实　自古至今，择偶看重容貌、健康、品行等因素，变化不大，男婚女嫁注重“门当户对”的观念亦无大的变化。改革开放前，青年人择偶特别看重对方家庭成分及是否是党员、团员、干部等政治条件，而经济、文化、才能、情感等因素反居其次。改革开放初期，社会特别重视知识和知识分子，青年人择偶时，就把有知识摆到靠前的位置，同时注重性格、价值观等。20 世纪 90 年代后，在考虑感情、性格、价值观、教育程度等因素的同时，经济收入、住房、汽车、职业声望等因素也逐渐成为择偶的重要参考条件。一般城里女孩不愿找农村进城的男孩，除顾虑生活习惯差异外，也顾虑其经济基础差和家庭拖累。

择偶方式多元化　新中国成立后，“父母之命、媒妁之言”的婚配观念迅速被婚姻自主所取代。机关、部队人员准备结婚时，需由组织对双方政治背景进行调查并提供证明。改革开放初期，工会、共青团、妇联等群团组织最早办起公益性婚介机构，之后社会上陆续出现收费的婚姻介绍所，并出现媒体征婚、舞会等相亲择偶方式。特别是随着大龄青年增多，社会组织及热心人士开始举办公园相亲会，一些着急的家长为孩子的婚姻奔走，成为公园相亲会的常客。20 世纪末、21 世纪初，随着互联网的普及，网恋盛行，年轻人（亦包括中年人）通过网络寻找伴侣，通过网络恋爱、结婚的不在少数。然网恋亦带来众多烦恼，也有歹人借网恋骗色骗钱。

初婚推迟　受国家实行晚婚晚育政策、生活成本、工作压力、传统婚恋观念淡化等因素影响，社会初婚年龄增长。2010 年，海淀区平均初婚年龄为 25 岁，其中，男性为 26 岁，女性为 24 岁，较 1996 年有 1 岁左右的增长。三四十岁的大龄青年不少。父母心急如焚，四处托人给孩子留心对象。许多大龄青年不断面对“还不结婚？”的问题，承受着来自家庭和社会的压力。

2010年，海淀区适婚人口中未婚人口占37%，较2000年上升4个百分点，大龄未婚趋势明显。在全区未婚人口中，30~39岁的未婚率，男性为17.1%，女性为11%，较2000年分别上升7.1和6.9个百分点。未婚人口中，学历越高，未婚者越多，具硕士和博士学历的女性，择偶面趋窄。海淀区作为科技、教育、文化大区，这方面尤其明显。

离婚增多 随着社会变迁，人们拥有更多的婚姻选择权，离婚比例上升。2010年，海淀区离婚人口占适婚人口的1.7%，较2000年上升0.3个百分点。全区离婚人口中，2000年男性占44.1%、女性占55.9%，2010年男性占39.7%、女性占60.3%，女性分别高出男性11.8和20.6个百分点。这表明随着女性经济的独立及婚姻观的改变，当婚姻发生问题时，接受离婚的女性渐多。在面临婚姻抉择时，受世界婚姻潮流及自我经济地位、职业、受教育程度等多种因素影响，人们对自我发展、生活享受、情感维系等要求更高，更加注重婚姻质量，而非婚姻维系时间的长短。男性离婚后再婚的人数大于女性。海淀区离婚人口中，35~59岁占80.4%，其中40~50岁较为集中。社会出现“闪婚”现象，相识数月甚至数天就结婚的也不少，造成婚姻基础脆弱，故“闪离”者亦多，结婚数月甚至数天就离婚的也有。对离婚，“合则聚，不合则离”的观念被逐渐认可。过去离婚，多会闹到撕破脸面、沸反盈天，而今则出现不少“好离好散”“一起吃顿饭离婚”“离婚后还是朋友”的情况。

中老年再婚受到尊重 中年人、老年人离婚或丧偶后，一般都有再婚愿望，然受到子女反对的不少，主要是牵扯到父母财产的再分割。随着社会观念的进步，也有不少子女主动为父母张罗再婚的，以填补父母情感的空缺，让父母晚年有人照顾、不孤独。也有失偶异性老年人不领结婚证却住在一起，人称“搭伙过日子”，待一方故去后，另一方又回归到原来的生活。这既可实现老年人晚年有伴的愿望，又可避免将来可能带来的经济纠纷，虽不合法，但合情，也获得社会的理解和认可。

住房及婚礼消费的影响 大城市生活，居住成本高，住房是婚恋中遇到的第一个现实问题。男女青年相恋，住房问题影响较大。大龄青年不结婚，无住房也是一个重要原因，从海淀区未婚人员住房情况看，其中多数是租房居住。婚礼消费亦大增，虽也有文明简单举办婚礼者，然大操大办者也不少，动辄花费几万元、几十万元甚或更多，亲朋好友间互相攀比，经济能力差的人家苦不堪言。

跨国婚姻增多 改革开放前，和外国人结婚十分罕见。除政治上受到羁绊、怀疑外，因为罕见，故人们十分好奇，觉得新鲜，也有不理解的、反感的。改革开放后，特别是20世纪90年代后，涉外婚姻大量出现。人们对此逐渐习以为常，不以为怪。

生　育

生育观念变化 “重男轻女”“养儿防老”“不孝有三，无后为大”等观念一直主导中国社会几千年。“无后为大”的“后”，老百姓理解为男孩，旧时认为只有男孩才可传宗接代。改革开放后，社会生产和生活方式发生深刻变化，过去主要由男子承担的重体力劳动大多改由机械来完成，女性也逐渐承担起更多的社会和家庭劳作。第三产业的蓬勃发展，为女性提供广阔的从业空间，女性经济地位和社会地位得到提高。男性能做的，女性照样能做，甚至能做得更好。传统习俗中，男孩结婚，男方家庭要准备新房、各种彩礼等，花费很多。随着社会的发展、教育的普及和国家政策的宣传，人民的素质得到提高，观念得到改变，这种情况逐渐有所变化。越来越多的人觉得生女孩也不错，对于父母来说，女儿更贴心一些。不光城区如此，农村也有变化。表现在姓氏嗣续上，虽然现实中孩子基本仍随父姓，但也有不少孩子开始随母姓，或在名字中嵌入母姓。国家严格控制胎儿的性别选择，医生孕检时严禁向孕妇透露胎儿性别。观念逐渐由“多子多福”“早生多生”向“少生、优生”转化，并成为社会共识。其原因，一是人们更注重养育孩子的质量，而不是数量；二是生孩子、养孩子、教育孩子等成本大幅增加，致使多数家庭压力较大。改革开放前，家中一人工作就可养活四五个子女；而进入21世纪后，夫妇俩同时工作，如果收入一般，养育一个孩子已比较拮据。现实压力下，人们普遍认识到，传统的“多子多福”观念已经过时。所以不光城里，就连农村夫妇也不愿多要孩子。过去计划生育让人少生孩子，很难做通工作，现在不做工作人们也不愿多要孩子了。三是社会养老事业逐步完善，人们不再担心“老无所依”。年轻人更重视独立、自由，重视工作，享受生活，自愿选择不要孩子，人称“丁克一族”。

生育年龄推迟 其原因，一是婚姻观发生变化，人们不再视婚姻为生育的形式，而视其为男女相爱的升华。为多享受青春相恋时光、实现个人价值、更多地了解对方，当事人多慎重其事，推迟婚期。二是随着高等教育的普及，社会整体受教育时间延长，许多人为提高职场竞争优势，大学毕业后读研、读博、出国留学、加学其他专业，在学时间延长，导致结婚推迟，生育推迟。三是因养育孩子成本升高，人们既重视自身发展，也为孩子未来的生存与发展考虑，提前做多种筹备，造成婚龄、育龄推延。海淀区高等院校、科研院所、科技企业、文化机构密集，人口中知识分子占比较大，且学历层次高，这直接影响到区域人口的婚育行为。2000 年，海淀区妇女的生育高峰年龄为 25~29 岁，2010 年延迟至 30~34 岁，且 35~39 岁的生育率由 4.11‰上升至 20.16‰。生育年龄与受教育程度相关，高学历者的初育年龄晚于低学历者，大专及高中、初中文化程度的育龄妇女的生育高峰年龄为 25~29 岁，大学及硕士、博士研究生育龄妇女的生育高峰年龄为 30~34 岁。生育年龄与从事的职业亦相关，体力劳动者生育偏早，脑力劳动者偏晚。国家机关、企业、事业单位等管理人员生育年龄多在 30~34 岁，办事人员和专业技术人员多在 25~34 岁；从事商服、生产、运输、设备操作等人员的生育年龄多在 29 岁之前。

生育方式转变 改革开放后，随着计划生育政策的实施和医学的进步及经济的发展，分娩逐渐受到重视。人们从怀孕前就开始进行经济、身体、精神等各方面的准备，有的还刻意选择怀孕时间，以期能生出特殊年份、特殊时刻的“幸运宝宝”。如 2008 年北京举办奥运会，当年出生的“奥运宝宝”较常年多出许多。人们尽量避免在羊年生孩子，而愿意在马年、龙年、虎年、猪年生孩子，认为这些年份生的孩子将来命运好。此为传统生育观念余绪。随着人工生育技术的成熟，不少不孕夫妇通过技术干预实现拥有孩子的愿望。北医三院生殖中心全国闻名，每天都有大量求子者在此聚集，期望获得生育帮助，如选择人工授精、卵子捐赠等方式实现生育。女性怀孕后即开始进行胎教，听柔美的音乐、诗歌、散文等，多看鲜花、绿草，避免凶、怪、险、惊事物；定期孕检；饮食受到格外重视，讲求营养均衡。过去妻子分娩，丈夫是绝对不能进产房的，如今则提倡丈夫在妻子身边，陪伴分娩，分担压力，给妻子以鼓励。近年还有产妇愿意尝试水中分娩方式。有不少女性选择剖宫产。孩子生下后，传统上母子要回男方家，现在很多女性更倾向于在娘家坐月子。社会上对月嫂的需求量大增，好的月嫂往往需要提前预约且服务费用很高。

生育质量及成本提高 为减轻人口压力，国家从 20 世纪 60 年代起就实行计划生育政策，进入 80 年代，此项工作更加严格。此后多年，多数家庭只要一个孩子。90 年代后，随着社会发展及生活水平的提高，人们高度重视生命质量，从怀孕起，分娩、养育、教育孩子的成本大幅增加。2000 年前，分娩的住院费用在千元上下，且多遇医院床位紧张的情况，后随着社会、经济的发展，孕妇住院可住单间，接受温馨、特殊、优质的服务，价格在数千元至上万元不等。许多女性选择用奶粉喂养孩子，致使奶粉市场火爆。不少人选择在市场上购买或托人从国（境）外代购奶粉，价格较国产奶粉昂贵，抚养孩子的成本也随之增加。医院对孕产妇高度负责，孕妇的产前、产中、产后服务不断完善，孕妇定期在丈夫、家人的陪同下去医院检查，及时了解胎儿发育健康状况，降低缺陷儿出生概率。

非婚生育　随着社会发展，文化的自主性、包容性增强，人们的婚姻观念发生变化，如有的女性不愿结婚，却想要孩子，于是选择人工受孕。多种因素导致非婚生子女增多，这在改革开放前极为少见。如今越来越多的人表示理解，且政策上不加干涉。然非婚女性生育还是受到社会的一定压力，且要独自承担抚养与教育孩子的义务，比较艰难。

健 康

随着改革开放40年来经济社会的发展、生活水平的提高、科学知识的普及和生态环境的变化，人们对“健康”的理解和行为方式也一天天发生着变化，社会逐渐形成传统和现代相融相济的新的健康文化观念。

健康意识的警醒和推动 健康，从意识到观念，从观念到理念，从理念到行动，一步步地演进，从警觉开始……

传染性疾病发病率上升，警醒人们提高防范、增强免疫力。有资料显示，海淀区1996—2003年户籍人口中，菌痢、肝炎等甲乙类传染病年发病率在214.37 ~ 646.49/10万；2004—2010年，常住人口菌痢、肝炎、肺结核等甲乙类传染病年发病率在253.51 ~ 427.21/10万；从1990年发现第一例艾滋病阳性病例至2005年的15年中，感染者增加到129例，梅毒、淋病发病率的增速加快，人们谈“传染”而色变，避传染而慎微。

随着经济发展和生活水平提高，人们的饮食选择增多，加之机械化、自动化、电气化、数字化的工作方式，使人们工作强度减轻，这相应地导致高比例人群陷入多种所谓“富贵病”的苦恼中，许多人乃至青少年都是“亚健康”体质，从而警醒人们“管住嘴、迈开腿”，增强保健意识。据海淀区2005年建立的慢性病监测系统反映，当年高血压、糖尿病、血脂异常、肥胖患病率分别为28.4%、7.6%、47.7%、15.8%，2008年分别为29.1%、8.8%、41.2%、14.9%，高于全国水平，且有向低龄段蔓延的趋势。许多人为“三高”而愁颜难解，为防“三高”采取了许多办法。

曾经出现的环境质量下降和突发公共卫生事件及食品安全事件，警醒人们改变落后的环境意识和卫生观念，选择健康的生活方式。20世纪90年代发展起来的高耗能高排放企业、机动车和供热设施的增加，使废水、废气排放严重影响自然环境，如海淀区1996年空气中的二氧化硫含量年均达到0.103毫克／米^3，只是国家大气环境的三级标准。空气污染助推雾霾天气的形成，也促使政府持续不断地展开强制性、大区域、全方位的治理大气污染行动。与此同时，2003年发生持续数月的"非典"疫情和之后发生的禽流感、甲型H1N1流感等突发公共卫生事件，食品流通领域发生的骇人听闻的"苏丹红""瘦肉精""三聚氰胺""地沟油"等食品安全事件，一方面促使区政府建立群专结合的疾病预防控制机制，设立111家计划免疫接种门诊，并在2002年根据世界银行卫生贷款项目确定的"计划免疫"与"健康促进"两个板块，对吸烟、高血压、不合理膳食、盲目随意消费、缺乏运动等不良生活方式进行公共干预，引导公共场所禁烟；加强环保法治化，强制推行燃料"煤改气"和取缔黄标车，控制减少城市扬尘，推行垃圾分类管理等；制定《加强食品安全管理的若干意见》，对食品的加工、流通、销售实行"行政执法、行业自律、舆论监督、群众参与"的监管模式。另一方面也使个人和家庭对烟气排放、防尘防霾、食品选购、烹饪卫生、合理饮食、器具消毒、分餐、洗手以及室内通风、户外活动等方面高度重视，并逐渐成为生活常识和卫生习惯。

奥运精神的宣传，推动人们开展体育运动，培养更积极的健康理念。从北京市1991年申办到2008年成功举办奥运会，群众性体育健身活动蔚然成风；2006年海淀区制定《2006—2008年海淀区体育社团奥运体育行动规划》，推广《普通人群体育锻炼标准》，形成推动社会体育活动的保障机制。2007年，全区有组织的体育参与人数达180万人次以上。2009年起，海淀区29个街道、乡（镇）推广社区健身项目。

健康教育和服务促进健康新观念的形成　为顺应人们在生活环境新态势、新问题面前对防病、保健、养生的重视、渴求和渐起的新风尚，政府相关部门因势利导，有计划、有目标、有步骤地在全区城乡展开全民健康教育活动和保健医疗服务工作。人们的警醒和自发行动同政府部门主动履职尽责的主导机制相结合，加速全社会疾病预防、保健养生的传统观念向积极科学的新观念转变，促进人们更主动接受健康教育，养成新习惯，形成新风气。

到1996年，海淀建成以区健康教育协调咨询委员会为业务指导中心和以社区、医院及企事业单位为依托的健康教育网络。经过15年的发展，到2010年，全区城乡健康教育网点已经达到248个。落实北京市人民政府《健康北京人——全民健康促进十年行动规划（2009—2018）》，组建"海淀区健康教育与健康促进讲师团"，组织116名专家演讲600余场。在媒体上开设医疗保健节目专栏、专题，在城乡文明市民学校开设健康讲座，在敬老院定期开展老年常见病防治教育。北京电视台《养生堂》节目在一般收视率仅为0.2%的时段，收视率突破3%。

1997年，成立海淀区体质测试中心，29个街道、乡镇设立测试站。2008年，依托医院、卫生院、卫生服务站、社区服务中心和文体中心，将体质监测纳入社区综合管理。2005年到2008年，连续开展三届“公共服务进万家”主题活动，深入农村和社区开展义诊与健康咨询。

2005年7月，海淀区先从卫生条件落后的农村做起，在9个乡镇启动“海淀区健康知识进农家百场健康知识讲座”，讲授计划免疫四苗接种，孕产、妇幼保健和冠心病、糖尿病、传染病、寄生虫病、碘缺乏病、抑郁症等疾病的预防知识，讲授水氟中毒和饮用水安全等知识。实行农村环境改造、改水改厕和农民健康体检工程。可以说是划时代地提升了农村农民的自觉防病意识，培养其产生健康观念和卫生习惯，全区涌现出一大批“北京市健康促进示范村”。

自16—17世纪烟草传入中国，600年间产生亿万名吸烟者。尽管要彻底革除吸烟的积习比鸦片战争的禁烟艰难得多，但还是一点点发生着变化。通过控烟活动宣传和公共场所禁烟，人们对“吸烟有害健康”和被动吸烟的危害认知日益深入。2006年6月，海淀区以医务人员控烟为切入点，发展无烟医院及健康促进医院，区疾控中心联合北京老年医院、北京世纪坛医院、北京肿瘤医院等11家医院开展三年控烟监测及干预，形成无烟环境。2007年3月卫生部发布《2007年中国控制吸烟报告》、中央补助地方项目中设立控烟专项经费之后，全区室内工作场所、公共场所及公共交通工具中的吸烟行为被禁止，在家庭中也同样普遍开始注意不吸烟、少吸烟、劝戒烟和不在室内吸烟。戒烟者增加了，而那些戒不了的吸烟者则陷入窘境，为了一口烟，在单位，从办公室躲到走廊、楼梯间、洗手间直至室外，在家庭则是从居室躲到阳台直至院子。这些都说明600年吸烟的积习正在被打破，“吸烟有害健康”正成为全民的共识。

环境对于健康的影响，尤其是对成长中的孩子的影响得到关注。政府教育主管部门在1996—1998年、2001—2010年两个周期，以8所中小学校为监测点，对学生进行常见病监测，对205所中小学校教学与学习生活环境的7个方面、20项指标开展基线监测。师生和家长第一次开始认识和利用“教室人均面积”“黑板表面状况”“黑板反射系数”“教室采光系数”“侧墙反射系数”“环境噪声合格率”来评估教学与学习环境对健康的影响。

健康教育活动和保健医疗服务工作，推动人们健康新观念和生活好习惯的形成，防病保健成为热门话题和常识并融入日常生活。装修房子要选购环保材料，购买食品会仔细查看保质期和成分构成，给老人、孩子买“绿色”食品舍得花钱，一日三餐注重营养均衡，青睐青菜、素食，饭前洗手、饭后刷牙、同灶分餐、器具消毒、生熟食分砧渐成习惯。人们日常生活的方方面面都体现着对健康的关注。据2010年底卫生部门的数据，海淀区居民与村民的健康行为改变率分别达到80.30%和70.83%，此后逐年增加。

全民健身机制和运动自觉意识　随着经济的发展和人民生活的改善，全民健身越来越受到重视。对此，国家有规划，社会有设施，家庭有条件，人们有认识，为防病而健身、为健康而运动蔚然成风。

配合《中华人民共和国体育法》和《全民健身计划纲要》的实施，自1996年起，每年6月23日海淀区都举办覆盖城乡的全民健身体育活动。海淀区历年的“红叶体育节”都会吸引几十万人参与到登山、自行车、篮球、棋类、成人体质测试等活动中。1997年第十二届“红叶体育节”有51.5万多人次参加。这一年起到北京市申办和举办奥运会，海淀区创建“体育生活化社区”和“社区体育俱乐部”，“万人骑行盼奥运”“万人登山盼奥运”及“伊利杯百个社区全民健身工程健身赛”“健康海淀行动”“全民健身周暨千人太极拳展示表演”“触摸奥运、感受激情——社区群众奥运体验”等主题繁多、异彩纷呈的全民健身系列活动逐年展开，形成了浓郁的“奥运”体育文化氛围。

2009年10月1日，国务院颁布施行《全民健身条例》。海淀区据此制定和执行“十二五”全民健身实施规划。到2010年，海淀区社区、村级体育协会、健身队、俱乐部等发展到2000多个，有全民健身晨晚练辅导站700多个，企业、机关、学校、村镇、社区坚持举办运动会，各种形式的体育健身活动自觉化、常态化。每天早晨和傍晚，城乡公园、胡同、社区、体育场馆，随处可见成群结队、成组结对的自发健身人群。他们或大跳广场舞、健身操，或舒展身段，习练太极拳、扇子功、剑术、拳法、劈胯、气功八段锦等传统功法，或凝神聚力抖空竹、打网球、赛门球，或跳起华尔兹、探戈和伦巴……日常的体育健身活动林林总总，到香山、凤凰岭、阳台山、鹫峰登山，到外区、外省长途骑行、远足，在空旷山林中“喊山”，到小区健身场地使用体育器材活动等，成为社会时尚和生活习惯。为了喝一口清纯的山泉，也为了健身，许多城里人会每周几次背着大瓶小桶往返几十千米，爬山越岭到西山灌取山泉水；为了健身祛病，许多人数年如一日沿着京密引水渠“走水”；许多老年人将作画、书法、弈棋、弄琴作为凝神静气、陶冶情操的健身之道；而时尚的年轻人则钟情于新潮运动，如蹦极、滑雪、漂流、骑车，享受体育健身的乐趣。

身心俱健才是健康的理念深入人心　健康理念最本质也是最宝贵的变化，是人们对“什么是健康生活”有了新的理解和追求。随着改革开放以来多年的经济发展、生活改善和文化繁荣，人们不再局限于过去“好吃、好喝、好穿戴”的单纯的生活理想，而逐渐关注消费环境、生活品质对于健康的影响。随着社会竞争的加剧，人们的工作压力、经济压力加大，工作和生活节奏加快。这种情况下，人们开始寻求释放压力的渠道。人们逐渐认识到，“身体健康是本，心理健康是魂”，身体、心理都健康才是真正健康，并以这样的健康理念来支配自己的生活。

健康新理念包括：

健身保健消费理念。家庭和个人在满足衣食住行基本需求时，更加关注健康，专项用于健身和保健方面的消费支出占比逐年提高。据有关部门统计数据表明，全国18~50岁对运动相关产品和服务有需求的消费人群已超过4亿人。早在2001年，北京体育大学和燕山大学体育学院曾对海淀区城市居民家庭的体育消费进行研究，结论表明，海淀区居民家庭年均体育消费总量为1660元，其中体育实物消费占体育消费总量的47.75%，体育劳务消费占30.35%，体育信息消费占19.61%。2022年的今天，居民家庭年均体育消费自然不可同日而语。海淀区商务局对2021年海淀区节日市场调查表明，节日购买保健品成为消费者的一种习惯。主要销售对象是退休教师、机关干部、企业高管、专业技术人员、老人和病人等。随着社会生活、工作节奏的加快，人们面临各类社会竞争压力，许多从业者工作时间长，社交需求多，睡眠时间少，经济支出大，生活不规律。在长期的身心压力下，甚至有二三十岁的年轻人出现“亚健康”的状况。他们——特别是白领阶层——自知需要锻炼和保养，因此，买保健品不再仅用于送礼，买家用健身器材也不光只是送给老人，也存在自用的情况。一些家庭尽管收入平常、生活节俭，却舍得花钱去温泉疗养、去旅行放松。市场上保健品、健身和理疗器具的销售量逐年增加，去疗养场所疗养的人也逐年增加。从人们对健身、娱乐的消费趋势来看，人们的保健正逐步从被动治疗型向主动预防保健型转换。

安全均衡营养饮食观念。曾经发生的食品安全事件、一再提及的食品产销源头污染及治理、假冒伪劣食品混进市场、“因嘴生乱”的疾病问题等，绷紧了人们的神经。于是，面对食品食材，一向不设防的“吃货”们开始高度敏感起来。很多人患上高血脂、动脉粥样硬化、冠心病、糖尿病、脑卒中、痛风、肥胖等这些昔日物资匮乏年代很少出现的“富贵病”，这使人们开始在“吃”与“不吃”上绞尽脑汁。不时出现的孔雀绿鱼虾、甲醛奶糖、染色花椒、墨汁石蜡红薯粉、福尔马林浸泡小银鱼、染色馒头、染色蛋糕、墨汁粉条、漂白大米与面粉、下水道小龙虾、双氧水凤爪、避孕药养黄鳝、激素染色草莓等食品安全事件，触目惊心，人们在惊愕、愤慨之下，开始极其谨慎地购买食品食材。对此，政府主管部门高度重视，国家食品药品监督管理总局联合八大部委实施食品药品放心工程，推出“食品安全十二条守则”，作为消费者日常饮食安全的指导原则：

1. 尽量选择到正规商店、超市和管理规范的农贸市场购买食品。

2. 尽量选择有品牌、有信誉、取得相关认证的食品企业的产品。

3. 不买变质的食品。

4. 不买比正常价格过于便宜的食品，以防止上当受害。

5. 不买、不吃有毒有害的食品，如河豚、毒蘑菇、果子狸等。

6. 不买来历不明的死动物。

7. 不买畸形的、与正常食品有明显色彩差异的鱼、蛋、瓜、果、禽、畜等。

8. 不买来源可疑的反季节水果、蔬菜等。

9. 不宜多吃以下食物：松花蛋、臭豆腐、味精、方便面、葵花子、猪肝、烤牛羊肉、腌菜、油条等。

10. 购买时查看食品的包装、标签和认证标识，查看有无注册和条形码，查看生产日期和保质期。对怀疑有问题的食品，宁可不买不吃。购买后索要发票。

11. 买回的食品应按要求进行严格的清洗、制作和保存。

12. 厨房及厨房内的设施、用具要按要求进行清洁管理。

与此同时，人们开始在饮食上“减负增效”，家庭粥锅里增加了大枣、莲子、桂圆、百合、海参，日常饮食中增加了蛋白粉。

环保理念。20 世纪 90 年代以来，国际社会普遍认为，人类活动产生的温室气体特别是 CO_2 排放是导致全球变暖的主要原因。CO_2 减排和环境保护被纳入我国经济和社会发展规划。政府的宣传、引导和环境的变化，也使生产与生活领域的低碳环保理念渐入人心。2005 年以来，海淀区政府每年举办“海淀品牌消费节”，倡导“绿色消费”，创建“低碳海淀”，“低碳生活”已然成为社会新的环境要求和生活理念。人们自觉接受搬迁改造高排放企业、锅炉“煤改气”、机动车限行等政策，监督企业排污和工地扬尘；购买、使用家用电器注意电磁辐射污染；在购买家具、装修涂料时首先考虑的是环保，房子装修后要通风晾些日子以减少挥发物污染 ；越来越多的家庭开始购买空气净化器 ；为了躲避久居城市遭遇空气污染、交通拥堵、环境恶化等问题，有条件的居民开始在郊区、山间、林地或海边买房置业。

科学防病理念。随着防病知识的普及和防病意识的增强，人们认识到“最贵的床是病床”“住院治病不如体检防病”，开始从“有病早看”转为“无病早防”。人们发现，身体不健康的信号多了，患癌症、呼吸系统疾病、心脑血管疾病的患者多了，一些疾病一经发现就已是晚期。因此，人们开始形成“对疾病要早预防、早发现、早治疗”的理念：治病不如防病，担心不如知底，科学防病，每年体检，掌握自己的身体状况。这一理念的普及推动了体检市场的形成。2000 年前，海淀区体检仅限于就业、参军、入学前的体检，体检由公立医疗机构承担。2002 年 3 月，中国首家为大众提供体检服务的专业机构——慈铭体检管理集团在北京开设第一家门诊部，随后在海淀区开设中关村、上地、知春里、公主坟 4 家分院。与此同时，千福、佰众、爱康等体检机构也纷纷建立。2005 年 3 月，海淀医院将体检业务从防疫保健科分离出来，设立体检中心。此后，中关村医院、四季青医院、上地医院也相继成立专门的体检机构。

心理健康理念。随着社会经济生活日益多元、复杂和社会竞争加剧、生活节奏加快、利益关系牵扯、人际来往交织等生活环境的变化，身心疲惫、焦虑急躁、失眠倦怠等不健康状态不同程度地出现于不同人群，抑郁症患者增多，有人因长期严重失眠、自我封闭、久治不愈、痛苦不堪而自绝于世。人们对抑郁症的认识也开始由简单地认为是“想不开”，逐渐转变为以“精神疾病”和“精神卫生”问题来重视、对待；患者也不再讳疾忌医。人们认识到心理健康、精神充实、思想开放、心情快乐的重要性，在讲求人与自然和谐的同时，讲求人际之间、家庭成员之间和个人内心的和谐。人们从古老的《论语》《道德经》中寻求心理平衡、快乐生活的哲理，培育爱心、善心、宽容之心和开朗的性格，积极参加社会公益活动和文化活动，调适心理，追求心理健康。人们开始认识到，除了物质生活，还要有健康、成熟的心理和饱满、充实的精神生活，这才是最健康、幸福的生活方式。

快乐生活理念。快乐生活理念是跃升于心理健康理念之上的日益为人们追求的生活态度。2003 年，北京市社会科学院文化发展研究中心对海淀区、朝阳区和怀柔区城乡居民开展文化消费需求调查时发现，三区城乡居民的文化消费支出主要用于教育培训、文化娱乐、购置家庭娱乐文化设备及各种旅游费用等，利用双休日、假日、大小长假开展旅游等活动。数据显示：三区户均文化消费达 19268

元，按每户 3 人计算，人均文化消费为 6423 元。海淀区有 1000 多支业余文化团队活跃在广大城乡，音乐、美术、舞蹈、曲艺、诗歌和戏剧成为人们营造快乐、健康、和谐生活的载体。海淀民间也流传着一些保持身心健康的格言俚语，如“少食肉，晒太阳，雨中行，常唱歌，饭后息，挺起胸，静坐思，天伦乐，步当车，行善事”；在职场倡导“自我五术”，即“工作勤奋，娱乐有度；对待朋友，不玩心术；处理事务，不躁不怒；生活讲究，量入为出；知足常乐，一生幸福”；面对精神和心理冲击，用佛学“八大禅语”开导，即“不争，元气不伤；不畏，慧灼闪光；不怒，百神和畅；不忧，心底清凉；不求，不卑不亢；不执，可圆可方；不贪，富贵安康；不苟，何惧君王”。这些都反映了人们对身心全面健康理念的成熟理解。

择 校

择校择师，自古有之。其目的无外乎通过对学校、师资的选择，使孩子接受到更好的教育。

1998 年之前，上小学基本上是就近入学，很少有择校的；上初中、高中也主要是凭成绩和志愿择校。1998 年小学升初中（小升初）取消考试，改为电脑派位后，择校才一年比一年热起来，成为一种社会现象。海淀区在这方面更突出些。

1998 年，海淀区刚开始取消小升初考试、实行电脑派位时，参与派位的学生近 90%。这种方式可以将各校间的生源差异缩到最小。但当时除薄弱校为此感到“翻身”有望、普通学生及家长为可能上好学校而欢欣鼓舞外，几乎所有校际差异中的“获益者”都不安地观望着，因为这些人家的孩子可能被电脑派位到一般校或较差校，而无缘好学校。后来在社会各界、名校和部分家长的压力下，形成一条条学生上名校的新途径——特长生、共建生、赞助生、“条子生”、奥数得奖生等，除电脑派位外，小学又多出近十个出口由学生择校上学。家长们都在想办法让孩子上好学校，不然就觉得对不起孩子。后随着择校生越来越多，参加电脑派位的学生逐年减少，到 2010 年已降至全部应届毕业生的 1/3 左右。即使如此，电脑派位完成后，还是有一部分家长和学生不满意电脑派位结果，继续择校。这样，按照电脑派位结果上学的孩子比例更低。

导致择校热的主要原因有二：一是海淀区知识分子密集。这些人对自己孩子的期望值更高，也有较强的能力、耐心对孩子进行家庭教育。他们对学校的要求也更高、更挑剔，愿意通过自己与孩子的共同努力，为孩子选择更好的学校。二是学校间差异过大。客观上看，海淀知识分子虽多，但全区分布并不均衡，在一些高校和科研院所相对集中的地区，学生质量要好些，家长对学校的要求也相对高一些。久而久之，以这些地区生源为主的学校，就形成高于其他学校的教育教学质量。主观上看，改革开放初期，国家为建设现代化、多出快出人才，也允许各地设立中小学重点校，把最好的物质条件、最好的管理者、最好的老师和最好的学生向这些学校集中。这在当时是有积极意义的，海淀区也办了一批重点中小学。这样搞了一些年之后，社会上认为“设立重点学校有失教育公平”的呼声渐高，政府遂取消“重点”称谓，但原来的重点校鹤立鸡群、受人企慕的现实并未因此改变，人们还是希望能将孩子送到这些学校读书。后来为加强教师间、校际间的竞争，增加教职工的工资福利，北京市教委出台“只给政策不给钱”的绩效工资制度，鼓励学校“创收”，而择校收费就成为“创收”的第一大来源。这样，那些质量好的学校，自然就在创收中占得先机。学校有了钱，就提高教师的福利，优秀的教师就更容易招进来。海淀区一些名校大约从2000年前后开始，就逐步不再从应届大学毕业生中招收教师了，而是在全区、全市乃至外省、区、市的现有优秀教师中选贤，以优厚的薪酬、解决住房、孩子入本校上学等条件吸引其来校任教，有人称此为“掐尖”。这样，这些学校就没有培养青年教师的负担，而是直接使用学养深厚、有经验、可很快创造成绩的优秀教师。为此，一些普通校的校长都不敢让本校优秀的中青年教师参加市、区的各类比赛和展示，怕一露头就被名校“拐去”。这样一来，便形成马太效应，好学校、好的管理者、好老师、好学生、更多的资金相互促进，使校际间的差距越拉越大，导致择校“战争”愈演愈烈。

择校热对家长、学生及社会的影响很大。参加电脑派位，能否被派到好学校全凭运气，与学生个人努力无关。现在有了择校机会，新的竞争也就开始了。在这轮竞争中，为使自己的孩子能进入名校，有家长找对学校有影响力的各级领导写“条子”，财力雄厚的家长向学校赞助巨额资金，但更多的还是要凭孩子的“本事”。所谓“本事”，就是各名校的入学标准，如艺术特长、体育特长、奥数获奖、英语水平等。想进名校，就要按名校的要求，舍得花钱、花时间，拼命努力，尽快学“本事”、长“本事”。如果感到对目标校把握不大，还要有第二、第三目标校。由于名校的标准都是各校自己制定的，不可能统一，所以孩子还要去学新“本事”。证明“本事”的标志就是各类证书，许多学生择校时能拿出一二十本证书，如钢琴几级、小提琴几级、运动员几级、奥数获奖证书、英语等级证书等。这些全是小学生在学校课程之外，利用节假日或平时晚上休息时间，花大价钱去参加各种培训、比赛获得的。最初，这些培训在孩子四五年级时开始做就可以了，后来随着竞争的加剧，逐渐提早到三四年级、一二年级，甚至有家长在孩子幼儿园时期就开始下功夫。有些幼儿园也投其所好，顺应形势，开办各种培训班，结果导致一些幼儿教育产生小学化倾向。

以前择校，主要关注名校。若名校没可能，其他学校也就不用再选择了。然而自从择校热起来之后，就变了，名校不行，就退而求其次，或再次。在激烈的择校竞争中，学校也被家长们细分为许多层，如最好校、好校、中上校、中校、中下校、下校、下下校，下下校也俗称“撮底校”。这给那些不想参与择校“战争”的家长和孩子形成极大压力。许多家长既没钱也没时间领着孩子上培训班，自己又没有能力辅导孩子，一些学生不想加入高考竞争，只想成为有一技之长的普通劳动者，但谁都不愿意到“撮底校”去。如不想去，对不起，只能无奈地投入“择校战争”。

取消小升初考试，本是为了减轻小学生课业负担。但在校际间差距过大的情况下，结果却导致了一场更激烈、更残酷的课外竞争。不但孩子逃不脱，家长也被深深地卷入其中，择校演变成孩子的刻苦忍耐程度、家长对孩子的负责程度、金钱的投入程度和社会关系的动员程度的全面竞争。

“学区房”是择校竞争中引发出的又一个社会问题。所谓“学区房”，即为了实现让孩子就近入学的目标，区教委把每所学校的入学名额与学校附近居住区挂钩，与名校挂钩的居住区的房子就成了“学区房”。由于具有能让孩子上名校的功能，“学区房”就顿显金贵起来。与“学区房”仅一路之隔的同样住房，因为不是“学区房”，在售价上就比“学区房”每平方米能差出几万元甚至更多。有的家庭因为没有要上学的孩子，或自己的孩子已经实现了上名校的目标，他们就可以将房子卖掉，以赚取巨额差价。此后，“学区房”就成为房地产市场上的一种特殊商品，不但价格昂贵，并且交易频繁。学区房之所以交易频繁，是因为这些房子具有临时性质，学生在这里学业结束，到别的学校上学了，这里的房子就可以卖掉了，而需要在这一学区上学的孩子的家庭，就来买这里的房子。这样，学生来来去去，房主也就跟着换来换去。一些有实力的房地产开发商，在开发一片较大且相对独立的小区时，就直接引入一所名校，并实施配套建设。这虽然增加了不少开发建设成本，但只要有一条“购买本小区住房就可上此名校”的约定，小区房子的售价就会大大增值。与此相比，前期开发建设的成本就可以忽略不计了。

对择校这一现象，社会上议论颇多，见仁见智，褒贬不一。少数人认为，这是好事，因为这样可以大大调动社会各方面资源向教育的投入，可以调动从家长到孩子、从老师到学校的积极性，进而提高教育教学质量，这无论对家庭、对国家都是有利的。而更多的人认为，这是有害的，因为它违反了孩子成长的客观规律，使孩子从小就要上各种班，拿各种证书，几乎全部精力都投入到学习当中，是揠苗助长，且会使许多孩子产生厌学情绪，视学习为畏途，对孩子从生理到心理都会产生极其负面的影响，并且这种影响可能伴随孩子的一生。

虽然大家很难统一意见，谁也拿不出权威证据说服对方，但多数人从直觉上还是感到，长此以往，肯定会出问题，至少对教育起点公平的侵害是大家公认的。它抓住并鼓励了少数学生和家长，而伤害了多数的学生和家长。海淀区人大代表在一次调研中发现，某排名最后的“撮底校”，一个班级的学生家长，没有一个有公务员的身份，没有一个是大学本科学历的。至于择校对社会风气造成的干扰和负面影响，就更不是一句两句话能说清楚的了。

为均衡教育资源，遏制择校热，政府及教育行政部门采取了一系列措施，如限制学校收费，直至取消；加大薄弱校投入，使其至少在硬件上缩小与名校的差距；强化薄弱校师资培训，组织名师到薄弱校挂职带教 ；普通校向名校推荐优秀生，让学生和家长感到在普通校也有上好学校的机会；名校办分校，合并一般校，设多个校区等，扩展名校资源利用；将原由学校自筹的绩效工资全部改为财政发放，高出平均数的学校要封顶，各校在此之外一律不得发钱发物，为中小学教育的均衡发展创造基本的师资均衡前提条件；对“学区房”，初期采用每套房几年内只可有一名上学指标的方式，限制其频繁交易，后来又采用扩大学区范围、将多所不同档次的学校捆绑在一起的做法，用摇号决定孩子上哪所学校，这大大抑制了“学区房”的房价。

上述措施产生了一定作用，但未能从根本上扭转择校趋势。要彻底摆脱择校困境，尚需全社会包括政府、教育界、家长及学生等彻底转变教育观、人才观，实行教育的深度改革，方可实现。

家　教

“家教”有家规家风方面的家庭教育和文化课方面的家庭教育两义。本文特指后者。

改革开放以来，随着生活水平不断提高，人们有能力为子女发展做出更多投入。1977年国家恢复高考制度，上大学成为众多学子和家长追求的目标，一时间形成了“千军万马过独木桥”的局面。随着升学、就业压力的加大和家庭经济能力的提高，人们越来越重视孩子的家庭教育，请家庭教师辅导孩子，或让孩子参加课外辅导班，以使孩子能尽快提高学习成绩，考上好大学，将来找好工作。

为实现这一目标，大约从20世纪90年代初期开始，一些家长便花钱请家庭教师给孩子辅导功课。有一个老师同时辅导多个孩子的，也有只针对性辅导一个孩子的，时称“一对一”。许多孩子经家庭教师的辅导，学习成绩得到提高。这样互相影响，请家教的家庭越来越多。于是，一个新兴行业——家教，便应运而生。

家长请家教辅导孩子，原因各不相同：要么是自己忙，没时间辅导孩子；要么是自己没能力辅导孩子；即使一些学历较高的家长，因孩子所学内容的变化或难度的加深，也不得不请家教来给孩子补课。家长们渴望孩子快快成才，愿意花时间、花精力、花钱为孩子请家教或自己陪孩子上各种补习班，并乐此不疲。许多家长被大趋势所裹挟，看到别人家的孩子都请家教，生怕不请家教，自己的孩子就会落后，输在起跑线上，于是也给孩子请家教。

家教内容大致可分为两类：一类是以学校课程内容为主，如数学、语文、外语等课程；另一类为艺术、体育类课程，如钢琴、小提琴、古筝、小号、书法、绘画及围棋、游泳、跆拳道、篮球、羽毛球等。学习这类课程，或是为提高孩子的艺术、体育等综合素质，或是为使孩子具备某项特长，将来好作为特长生在中考、高考中获得加分。艺术类家教的费用往往高出其他家教数倍。近些年国学受到重视，社会上办起不少国学班，学习《三字经》《弟子规》《增广贤文》《论语》《孟子》《老子》及古诗词等，学生多为幼儿和小学生，亦有初中、高中生。

最初是家长为即将参加中考、高考的孩子请家教，到后来低年级孩子也开始请家教，一些家长甚至还为上小学、幼儿园的孩子请家教。有的孩子从小学开始，到初中、高中一直请家教。大约 2000 年后，请家教或参加各类补习班、培训班已相当普遍。有的班级，除了的确学无所进、基本放弃升学的孩子和准备出国的孩子，基本都会请家教。

家教师资，最初以退休教师和勤工俭学的在校大学生、研究生为主。随着请家教的孩子越来越多，家教市场不断膨胀，一些在职教师也加入到家教队伍中。2000 年后，兼职家教的在职教师已占相当比例。家长们也更愿意请在职教师来做家教。因为他们熟悉教材、熟悉学生，教学更有针对性。不少在校大学生家境贫寒，借从事家教挣些钱，补贴学费和生活费的不足，有余钱寄回老家补贴弟妹上学。

为给孩子请家教，家长背负了沉重的经济负担。家教费用一般按课时（45 分钟）计算，一路看涨。在 2000 年前后，请个大学生做家教，每课时 20~30 元；请在职教师做家教，每课时 50 元左右，百元以上就可请到很好的老师了。而到 2010 年，请在校大学生、研究生做家教，每课时涨到 50~100 元不等，在职教师家教一般要在 150~250 元不等。要请知名教师做家教费用便更高。一般高中生家教费用高于初中生，初中生高于小学生。一位家长为读初三的孩子请了 5 门课程的家教，每月费用高达 7000 多元，几乎是自己工资的全部。由于家教对提高孩子的学习成绩确实有比较明显的效果，虽价格不菲，家长们还是认为物有所值，心甘情愿地掏钱为孩子去请家教。

以下是某网站 2010 年前后开列的家教参考价格。

2010 年海淀区某网站开列的家教课时费参考标准

表 1 **单位：元 / 课时**

语 / 数 / 英 / 理 / 化 / 生	小学	初中	高中
大学生 / 研究生	40~50	45~60	50~80
星级教员（大学生 / 研究生）	50~60	50~70	60~90
离 / 退 / 进修 / 专职教师	120~150	150~180	150~200
重点中学教师	150~180	150~200	160~220
星级教员（在职教师）	150~200	160~200	180~230
名校教员（清华、北大、北外）	65~70	70~80	75~100
周末及寒暑假陪读	按月、天结算或按照次数结算		

续表 1

艺术体育类	乐器类	美术	体育
专业大学生	120~150	120	80
星级教员（大学生）	120~200	130	100
专业教师 / 教练	150~300	150~200	150
高等数学 / 计算机操作 / 网页设计 / 图像处理 / 程序设计			
专业大学生		80~100	
专业教师 / 专业人士		150~200	
语言类		成人英语	日 / 法 / 德 / 意 / 韩
一般大学生 / 研究生		60~80	70~80
星级教员（大学生）		70~100	70~100
专业教师 / 专业人士		120~180	120~180
海外归国人员		120~200	120~200
外籍人士		200~300	200~300

说明：1. 所提供价格为客观家教市场的行情价位。具体价格会根据路程远近、课程的难易程度、家教时间等客观因素有所浮动，但不会有太大变化。2. 一般家教课时费里面包含交通费。但如果学员地理位置过于偏僻或离教员过于遥远，学员要为教员支付交通费。

聘请家教教师，起初是家长们口耳相传。随着互联网的发展，在网上招聘家教教师或聘请家教教师成为家教市场运行的主要手段。打开电脑，很容易找到一堆从事家教的网站，如“学大教育”“京翰 1 对 1”“易教网”“学霸君”等。近些年，“新东方”也开辟了家教课程，进入家教市场中。在临街住宅或写字楼的窗户上，“新概念英语”“剑桥英语”“教师 1 对 1”“国学班”“作文班”“名师钢琴”等广告随处可见，家长、学生可直接电话或网上报名。这些家教网站会针对学生的具体情况量体裁衣，介绍相应的家教老师。

由于教育行政部门和学校坚决制止在职教师兼职家教，所以各家教网对其师资的真实身份严格保密。家长、学生、教师对请家教的事也不愿张扬，大家都心照不宣。所以，究竟有多少在校学生请家教，有多少在职教师从事家教，很难统计。实际上，学校当局很难获得在职教师从事家教的真凭实据，在职教师兼职家教的情况时有发生。近年来，由于家教市场不断扩大，一些规模较大的家教网站也会直接聘请有经验的教师专职从事家教。

家教一般采取一对一教学方式，学生直接到老师家中上课，或请老师到家中来辅导。还有的家教公司租房做教室，几个或十几个孩子小班授课，或是把一间教室分割成若干小格子间，老师学生一对一授课，互不干扰。形式不拘，多寡不拒，体现出市场的灵活与机动。社会上家教公司也开办特长班、兴趣班、提高班等，比比皆是，名目繁多。随着家教市场需求量增大，许多针对中小学生的培训班如雨后春笋般开办起来，如今已经具备相当的规模。一个培训学校就包括中小学课程辅导班、美术、舞蹈、钢琴、书法、跆拳道等多项课程，学生涵盖了从四五岁到十五六岁各个年龄段。还有由外籍教师授课的外语培训班，专科的书法、美术班，游泳、跆拳道、羽毛球班，机器人和计算机编程班等。培训班的师资也逐步走向正规化。许多培训班聘请了高学历的人员作为专职教师，有些培训班还聘请了专职外籍教师。培训的学费也都不菲，一般每课时在200~400元不等。按每周一次课，每次2~3课时计算，一个学期下来，一门课的费用需要2万~3万元。

很多学生有三门四门甚至五门家教或培训班的课程，常常是利用双休日或课余时间，奔走于几个老师或培训班之间，孩子休息、玩耍的时间几乎全部被占用。初中生、小学生上辅导课，多由家长陪同。马路上常可看到家长脚蹬电动自行车，身后背着一个装乐器的大盒子，车后座上坐个孩子，匆匆而过，那一定是家长带孩子去上器乐课了。随着私家车的增多，很多家长开车接送孩子上课。

海淀区教育资源丰富，从周边区县到海淀来上课的孩子不少，甚至有外省区市的家长利用寒暑假带孩子来海淀，一来补课，二来观光，住上半个月、一个月的，补课费、食宿费、路费，动辄累万。为了孩子成才，家长们真是倾其所有，心甘情愿。

留学与归国

海淀的留学史已逾百年。1909 年清政府设立游美学务处和游美肄业馆（清廷用美国“退还”的部分“庚子赔款”建立的留美预备学校），招考庚款留美学生，至 1911 年共招考 3 次，录取 180 人，知名的有梅贻琦、竺可桢、赵元任、胡适等。1911 年游美肄业馆更名清华学堂。此后十余年，清华学堂派出留美学生千余人。这些人后来多成为中国学术界大师，深刻影响到中国近现代的思想、学术、教育、文化和科技。1912 年后，国民党元老、教育家李石曾与吴稚晖、蔡元培等在北京发起组织“留法勤工俭学会”“法华教育会”，组织青年学生赴法国勤工俭学，为后来著名的留法勤工俭学热潮的先声。新中国成立初期，国家在海淀区建起数十所高校，海淀区成为著名的教育区。同时国家向苏联和东欧一些社会主义国家派遣留学生，驻海淀区高校派出的学生众多。“文化大革命”期间出国留学中断。1978 年改革开放后，国家“支持留学，鼓励出国，来去自由”，驻海淀区的国家机关、高校、科研院所得风气之先，派遣留学生出国留学。之后大学毕业生纷纷出国留学深造，像清华、北大等，人数众多。初期多留学北美、欧洲、日本等发达国家，后逐渐扩大到澳大利亚、俄罗斯、韩国、新西兰、新加坡等国家。

20 世纪 90 年代兴起自费留学，后不断升温。从公派留学到自费留学是留学方式的重大变化。其原因，一是国家经济快速发展，民众经济能力增强。二是家长不满意国内的应试教育，不希望孩子参加“千军万马过独木桥”的高考，害怕埋没其个性和创造力，而让孩子出国留学，开阔眼界，了解世界。三是国家加入了 WTO（世界贸易组织），学子留学可适应全球化。有家长说，孩子出国留学，学得再不济，总能学到个语言，入“世”了，这点就是孩子的优势。四是可培养孩子的独立生活能力。五是有家长担忧国内的生活环境，希望孩子出国留学，将来在国外工作以避免国内复杂的人际关系。也有家长先把孩子送出去，然后全家移民外国等。

早期，青年留学多抱有学习世界先进文化、救亡图存、改变祖国落后面貌的志向。改革开放后，和经济一同复苏的，是新一代年轻人的自我意识。他们梦想走向世界，开阔眼界，寻找新的人生出路，实现自我价值。

随着留学热出现，海淀留学市场火爆。英语、德语、日语、韩语、俄语等培训学校遍地开花。因GRE和托福成绩为申请国外大学所必需，故参加GRE和托福考试成为大学生的“必修课”，大学里甚至流行“没参加过GRE和托福考试，大学生活是不完整的”说法。海淀出现了新东方学校等外语速成学校，还有不出国门的“留学”，如国际学校、合作办学等，发展迅猛。留学中介公司大量产生，生意兴隆。许多国外私立学校抓住市场机遇，来中国招生。国外高校来华组织学校园游会，举办国际夏（冬）令营，吸引中国学生。留学已从国家行为演变为寻常百姓的家务事。

留学渐趋低龄化。过去是大学甚至研究生毕业才出国，现在有家长会在孩子读大学、中学甚至小学时就将其送出国。孩子小，生活不能自理，家长就去陪读。对心智尚未成熟的青春期孩子来说，直接出国读高中容易出现学业、心理等问题，加之国内不少国际课程班以应试为主，较少进行人文教育，以致学生到了国外出现文化迷茫等问题。许多高中生放弃高考，一心出国留学，把时间都用在复习托福、雅思上，放松了高中课程的学习。有的从高一就为留学做准备，有的高中时就拿到国外高校的录取通知。2010年中国出国留学生中，高中及以下学生占19.8%。

经济条件一般的家庭跟风送孩子留学，家长负担沉重。孩子在国外的学费、房租、电话费等，费用昂贵，家长只能在国内节衣缩食过日子。孩子在国外压力也不小，多数孩子尽量减轻家庭负担，一边打工一边学习，有的在国外打黑工，遭歧视；有的学生学业不能过关就抄袭、买论文、贿赂导师等；有“官二代”“富二代”本就不愿学习，被父母送出国后，奢侈成风，戾气十足，生活在中国人圈子里混日子，飙车、比吃、比穿、比玩等；有的退学后都不回国，家长不知实情，一则沾沾自喜，一则惴惴不安，两种心情交织，两地人心煎熬。留学的日益普遍化、大众化也使得留学生们视留学为谋生手段，不再当成一种责任和抱负。国外就业不易，绝大部分留学生只能回国就业。其回国后的第一份工作薪酬普遍不高，与动辄数十万、上百万元的留学成本相差悬殊。一些留学外国非正规大学的学生，取得学历后回国，国内不承认其学历。不少留学生和家长不免迷茫和失落：当初出国留学的路子走对了吗？留学的光环逐渐消退。

整体上，留学对于培养各类人才、促进中国与世界的文化交流、促进国家与世界接轨、融入全球化，成效显著。许多留学生学成归国，促进了国家建设和社会进步。1992 年，北京市新技术产业开发试验区海淀试验区吸引归国留学人员 186 人，1995 年达到 909 人。1999 年国务院批复建设中关村科技园区后，留学人员纷纷回国到园区创办企业，2000 年达到 1556 人。1997 年起，海淀区相继建立海淀留学人员创业园等一批留学人员创业园或创业基地，占全市创业园的 56%。2005 年吸引留学归国人员达到 4537 人，留学归国人员创办企业达 1115 家。留学归国人员创业成为园区经济增长新亮点，涌现出由留学归国人员创办的土人景观规划设计研究所、启明星辰信息技术集团股份有限公司、北京中星微电子公司、北京奥瑞金种业股份有限公司、北京美髯公科技发展有限公司等一批领军式企业和新浪、搜狐、百度、腾讯等著名门户网站，涌现出严望佳、韩庚辰、俞孔坚、邓中翰、寿国梁、朱荣辉、王志东、李彦宏、张朝阳、马化腾等一批科技、网络领军式企业家。其中，中星微电子公司的“星光中国芯”系列多媒体芯片获 2004 年度国家科技进步一等奖，邓中翰荣获首届首都杰出人才奖，北京奥瑞金种业股份有限公司的“玉米杂交种豫玉 22 的选育与雄性不育利用及产业化”项目获 2004 年度国家科技进步二等奖。

就　业

海淀区社会就业变化与国家经济体制改革和经济发展紧密相关。改革开放前，国家实行计划经济，对城镇劳动力实行统一计划、统一招收、统一调配（时称统包统配）和城乡劳动力分割管理的就业制度。改革开放后的20世纪80年代初，全国上千万名“文化大革命”期间上山下乡的知识青年相继回城，海淀区约有11万人需要安置就业，政府就业安置任务压力巨大。针对这种情况，国家实行“在统筹规划和统一指导下的劳动部门介绍就业、自愿组织起来就业、自谋职业”的“三结合”就业方针，由此打破“统包统配”的就业制度，就业格局发生根本性变化。90年代中期，国家调整产业结构，发展新技术产业，推进企业改革，大批传统产业企业关停并转，新兴的高新技术企业如雨后春笋般诞生，就业的“铁饭碗”被打破。由于劳动技能所限，大批国有企业职工不得不下岗成为失业人员，海淀区的下岗职工主要集中在清河毛纺厂、北京录音机厂、北京橡胶厂等一些大型企业。政府为了做好下岗职工的工作，保持社会稳定，采取临时措施，明确要求凡是有下岗职工的企业都要成立再就业服务中心，对下岗职工进行思想疏导，发放生活补贴，并帮助其重新就业。此时，一些下岗失业人员也逐渐接受现实，为了生存选择重新就业或创业，有的创业成功开了小饭馆、摆了服装摊，收入较为可观。政府为了促进就业，实行“劳动者自主择业、市场调节就业、政府促进就业”的新就业方针。2000年后，随着经济持续快速发展和新生劳动力大量增加，国家将“社会就业比较充分”作为全面建成小康社会的重要目标之一，予以大力推进。2008年国家颁行《中华人民共和国就业促进法》，从此劳动力就业进入法制化进程。到2010年，海淀区先后出台24项促进就业的政策，覆盖农村劳动力、城镇失业人员、农转工人员、就业困难人员等各类群体，社会就业呈现多元、活跃局面。

随着社会进步和经济发展，人们就业观念发生快速而深刻的变化。在计划经济和“统包统分”就业制度下，社会普遍存在重全民、轻集体、鄙个体的就业意识，认为只有在国家机关和国营企业就业才算就业，而从事个体劳动就感觉低人一等。20世纪80年代后，随着集体经济和个体经济的迅速发展，许多集体企业和个体经营者的收入超过国家机关和国营企业，人们的就业观念开始逐渐转变。1985年国家改革教育体制，对大学生不再统包统配，而是自己找工作。年轻人就业观念首先发生转变，许多年轻人“以第一职业求稳定，第二职业求发财”，从事兼职，有的甚至兼职两三份工作。人才的流动逐渐活跃，择业“国营—集体—合资—独资”三级跳现象也层出不穷。1993年开始，大批大学毕业生、在职年轻人辞去工作，纷纷奔赴沿海开放地区谋职。90年代中期后，大量下岗职工进入就业市场，迫切的就业需求淡化了“高低贵贱”的就业观念，人们能够面对和接受开早点摊、做保洁员等多种就业方式。1999年开始全国高校扩大招生，此后招生人数以年均17%的比例持续增长，每年几百万名大学毕业生面临的就业压力进一步加速了就业观念的转变，社会上甚至出现清华大学毕业生回乡养猪的热点事件，人们的就业选择从“体面就业”向“实现自我价值就业”转变。2000年后，随着社会变迁与就业形势变化，就业选择面越来越宽，人们的就业观念也越来越多元。这不仅指就业类型的多样化，也包括“非正规就业”的选择，出现在家庭内就业者、自由职业者和职业考研族、出国族等，甚至包括一些极端的“不就业”观念，如靠出租房屋获取收入的“吃瓦片族”、完全依赖父母的“啃老族”等，社会对这些现象也表现出一定的容忍度。

就业观念的变化带来就业行为方式的变化。在计划经济时期，国家实行固定工制度，人们的就业途径非常狭窄，仅有政府分配、企业招工、退休人员“子女顶替”等几种路子。改革开放后，在建立市场经济体制的过程中，率先打破的是对私营个体经济的束缚，其中1982—1985年个体经济从业人数以年均77%的增速井喷式增长。20世纪90年代中期后，大批下岗职工和企业失业人员走向市场再就业，其中60%在个体私营企业实现再就业。在海淀区，随着民营企业的快速发展，以柳传志、王江民为代表的一批科技人员在中关村“下海”，自主创业，开辟出新的就业渠道。中关村先后诞生两万多家个体和私营公司，在成就“中国硅谷”的同时也带动了就业的增长，吸纳了当时北京大量国有企业下岗职工。进入21世纪后，随着职业分工细化和人们就业观念的改变，就业方式更加灵活多样。海淀区每年有大批海外留学人员、高层次人才选择自主创业，并带动区域高新技术产业发展。还有部分人群不再就业于固定单位，而是根据市场需要独立就业获取合法收入，如自由撰稿人，家庭教师，歌手，模特，中介人员及从事资本经营或职业炒股、炒房、炒黄金、炒古玩字画的自由职业者，个体出租车司机等。许多年轻人追求个人价值的实现，频繁跳槽，甚至有一年换两三家的，几年内更换七八家企业的跳槽者亦不鲜见，且每换一次工作都和收入、兴趣有关。

海淀区就业结构随经济结构调整发生变化。改革开放前，海淀区以农业为主，1984 年农村经济占全区经济总量的 65.4%，从事农业的人口占较大比重。20 世纪 80 年代中期后，私营个体经济快速发展，民办科技企业兴起，农村劳动力开始进城务工经商，从事农业劳动的人数呈逐年减少趋势。1988 年，在中关村电子一条街的基础上，成立北京新技术产业开发试验区，以高新技术产业为代表的第三产业就业人数逐年增加。到 90 年代中期，海淀区三大产业的就业结构已呈现出“三、二、一”格局。1996 年，全区三、二、一产业从业人数分别为 32.8 万人、9.2 万人、5.6 万人。1999 年国务院批复建设中关村科技园区后，海淀区大力“发展知识经济，建设中国硅谷”，高新技术产业进入快速发展阶段，传统农业大幅度退出。至 2010 年，全区三、二、一产业从业人数分别为 112.3 万人、21.2 万人、5.3 万人，第三产业成为就业的主要领域。

改革开放后，特别是 20 世纪 90 年代中期后，大量外地劳动者纷纷进京打工，多从事建筑、装修、餐饮、保安、保洁、月嫂、医院护工等体力劳动或简单劳动。 如“钟点工”，受雇打扫卫生、做饭、接送孩子等，每天服务数家。他们能吃苦，不怕脏、不怕累，只要能挣到钱就行。从事建筑和室内装修的打工者做了这家做那家，换工地时，常三五一伙，背着行囊，自我调侃道：“远看像逃难的，近看像要饭的，走到跟前一看原来是搞基建的。”每到春节，大批外地打工者回农村老家过年，以至于城市出现“月嫂荒”“保姆荒”，留京月嫂、保姆工资随之上涨。外地打工者在获得劳动报酬的同时，更为首都、海淀的发展做出了贡献。

消　费

改革开放后，特别是20世纪90年代中期后，北京市城乡居民生活发生了巨大变化，居民收入大幅度提高，消费支出同步增长。海淀区也和全市一样，经济快速发展，就业规模不断扩大，劳动者收入稳步提高，城乡居民生活发生历史性的巨大变化。至2010年底，经济总量、区级财政收入、社会消费品零售额均实现翻一番，年均增长达15%以上；人均地区生产总值达到1.2万美元，区级财政收入和社会消费品零售额双双突破千亿元；城镇居民人均可支配收入年均增长12.5%，农村居民人均纯收入年均增长12.1%，实现城乡就业服务和社会保障制度全覆盖。

随着经济发展，海淀区城乡居民消费观念开始从传统的量入为出消费向适度超前消费转变，消费结构从以日用消费品为特征的温饱型消费，向以服务消费为特征的小康型、富裕型消费转变。消费方式逐步升级，并呈现出较明显的阶段性特点：20世纪80年代，主要是家庭添置电视机、洗衣机、冰箱等家用电器；90年代，形成传呼机、手机、电脑等为代表的信息通信消费热潮，手机从无到有，几年间就基本普及；2000年后，住房、汽车、教育、保健等逐步成为新的消费热点，之后不断更新换代。2010年，海淀区社会消费品零售总额为1184.2亿元，为1996年165.7亿元的7.15倍。

从以下方面来看家庭消费变化。

饮食消费　人们餐桌上的菜式越来越花样翻新、精细方便。十多年前普通人家，过年过节时，给家里老人送些单位发的鸡鸭鱼肉，做几个菜，如红烧肉、炸带鱼、酸辣大白菜等；一家人周末的聚会经常是老少齐上阵，全家包顿饺子；邻里街坊见面寒暄也总是问候“吃了吗?”现在普通人家，逢年过节或朋友聚会，多是在附近饭店预订一两桌菜肴，很少在家做着吃。海淀近十几年相继建成阜成路餐饮精品街、花园路美食街、畅春园食街等餐饮街区，大小饭店、酒家、餐馆遍布大街小巷，2010年，全区餐饮企业有5689家。英国人保罗，1987年第一次到中国，在重庆旅游，痴迷于川菜。后来他到北京，发现北京“好吃的川菜馆并不那么好找”，而且饭馆一到晚上八九点就打烊，只有大饭店提供夜宵。“现在可完全不一样了。”他和妻子琳达在北京工作半年，曾雄心勃勃地要“吃遍京城”，但他们换着花样吃也没吃过来。他们感慨：北京吃的东西太多了，而且都很棒。

推动餐桌经济大发展的是国家农业生产的整体发展。改革开放前，农产品长期短缺，品种单调，而如今供给丰富，品种多样，应有尽有。过去菜店里卖的菜，不过是萝卜、土豆、大白菜、西红柿之类的普通菜；现在是“卖全国、买全国”，在海淀任意一个菜店，都可以买到南方蔬菜或反季节蔬菜。食品方面，只有想不到的没有买不到的。特别是分布在全区各处的超市，其绿色食品成为千家万户的菜篮子、米袋子、果盘子。各超市里，各种小包装新鲜净菜、分割肉和经过加工的成品、半成品，种类繁多，价钱也不贵，每到傍晚销售高峰，需排长队等候付账。有顾客说，到超市买东西，就是图个放心。她指着所提的菜、肉包装上的标签说：“这不，咱就瞅上面写着是绿色食品的买。以前怕吃出问题来，买菜要买有虫吃过的，买肉要买看起来不太光鲜的，可总是不让人放心。”改革开放后，海淀食品全国化、全球化。川菜、粤菜、淮扬菜、重庆麻辣烫、兰州拉面、杭州小笼包、山东煎饼、陕西肉夹馍、东北猪肉炖粉条、天津狗不理包子、新疆拉条子、内蒙古烤羊腿、云南食用菌等，都能买到。年轻人和孩子们崇尚发达国家食品，对德国汉堡包、意大利比萨、美国麦当劳和肯德基、日本寿司、韩国烧烤等情有独钟。饮品种类丰富，过去人们主要喝茶和白开水，现在许多人仍钟情茶饮，饮茶时讲究“茶道”，饮茶从解渴上升为行为艺术。除茶外，咖啡、饮料大行其道，单饮料品种便有几十上百种，如各类果汁、可乐、雪碧、娃哈哈等，夏有冰饮，冬有热饮。甚至有不少年轻人只喝饮料，从来不喝茶水和白开水。

穿戴消费 普通人家衣多常新。“衣服积压得太多了，家里实在没地儿搁。”今日家园小区的住户张先生刚搬过来，新房还没料理顺，新旧衣服堆了一床，并排摆着的两个大衣柜里已经放满了衣服。“衣柜买得有点小了，房间又不够大。”他有些犯难：“扔一些衣服吧，怪可惜的，可是不扔又怎么办？”张先生回忆说，1989年他刚来海淀上大学时，有一阵子特想买一件耐克牌运动服，当时要150元，嫌贵，一直就没舍得买。现在他家的衣柜里，各种风格的正装、晚装、休闲装、运动装一排排挂着，翻领衬衫、圆领毛衣、高领针织衫及样式各异的帽子也有很多，仅冬天穿的配各色衣服的鞋子就有8双。稍微留意一下就会发现，北京街头，一年比一年俏丽，装点其间的，是那些或随意、或精致的寻常百姓的服饰。街头巷尾，千变万化、精彩纷呈的服装新潮流，像是流动的彩绘，传送着城市美的信息。商场里从婴儿装到老年装，从几十元到上万元，各年龄段、各消费阶层的人们都能找到自己中意的服装。

住房消费 20世纪90年代起，海淀区实行新区开发和旧城改造并举方针，加快住宅建设。大批房地产开发公司在海淀区注册，开发住宅项目。陆续出现私人建房、开发商建房、政府建设安居房和经济适用房、合作建房4种住宅开发建设形式。住宅建设改变以往“见缝插针、分散建设”的状况，主要以住宅小区形式开发建设。在开发建设中注重解决大中小学校教师和科技人员的住房需求。先后建成育新花园、蓝旗营小区、玉海园小区、国兴家园、天秀花园、颐源居、百旺佳苑等数百个住宅小区。大规模住宅建设缓解了市民住房紧张的状况。2000年前后，随着城乡一体化和绿化隔离带建设，海淀区农村地区开始成片改造，大批农民拆迁安置上楼。20世纪90年初，海淀区开始危旧房改造，简称“危改”，之后采取以开发带危改、市政道路建设带危改、科技园区建设带危改、绿化隔离带建设带危改、环境整治带危改等方式，推进全区危改工作。1996—2010年，共拆迁危旧平房238万平方米，实施危改项目70余个，建成冠城园、华清嘉园、富润家园、韦伯豪、太月园、太阳园等一批优质住宅小区，累计竣工面积580万平方米，4万余户居民迁入新居。

2008年海淀区开始实施保障性安居工程，统称“政策性住房建设”。至2010年底，全区政策性住房开复工面积约480万平方米，其中，保障性住房约200万平方米，定向安置房280万平方米；竣工97万平方米，其中，保障性住房54万平方米，定向安置房43万平方米。解决了约1.8万户中低收入家庭的住房困难。

2000年后，海淀区住房消费逐步升温，2005年后快速增长，形成持续数年的热潮，居民购房消费踊跃，家庭住房条件得到改善。很多家庭住房面积由五六十平方米扩大至100余平方米。一般家庭，父母与子女分开居住，各有住房。起初购房多为改善居住条件，后随着房价的不断飙升，房屋升值空间巨大，经济能力强的家庭遂购置多套房屋，作为投资用。据了解，2001年后，房地产投资占全社会投资的比重超过50%。尤其是2005年之后，海淀房地产投资增长迅猛，有时形成抢购态势，人称“买房像市场上买大白菜似的”。对买不起商品房的居民，政府推出经济适用房、安居房、廉租房等政策，助其改善居住条件。

交通消费 改革开放前，北京人出行主要靠自行车和公交车，上下班时候自行车流浩浩荡荡，成为时代景观。改革开放后，随着经济发展，居民出行方式逐步多样化。北京大力发展公共交通，1996 年以前，海淀区境内或途经海淀区的公共电汽车线路仅有 72 条，到 2010 年增加到 274 条，票价 1~2 元，刷卡更便宜，仅 0.4~ 0.8 元。地铁发展迅速，1996 年前，过区境地铁只有 1 号线，1996 年后过区境地铁增加 13 号、10 号、4 号线路，总长 47.64 公里，是 1996 年的 9 倍，票价仅 2 元。1986 年有人看见街上出现零星私家车，预测“十年、二十年后私人购车会比较多”，此话被不少人嘲笑为“做梦”。2000 年后，私家车数量大增，势如“井喷”，专营汽车的 4S 店业务繁忙，修车业兴旺，全区多家驾驶员培训学校学员人满为患，有的人家人均一辆，有的人家车辆更新换代几次，档次不断提升。

旅游消费 改革开放前，社会几乎没有旅游、观光的概念，人们对外部世界知之甚少。当时一些企业的采购员在全国各地跑，算是视野开阔的人群，但因差旅费等规定，所以观光也不多。改革开放后，人们的旅游热情一下子得到释放，旅游消费从此一直热度不减。特别是国家增加节假日休假时间后，人们有了更多的时间游览休闲。2000 年之前，先多是游览国内著名景区景点、历史名城、自然风光等，后游览新疆、西藏等边远地区；2000 年之后，随着人们经济能力的增强，开始走出国门，先是新加坡、马来西亚、泰国，时称“新马泰游”，后逐步扩展至西欧、北美、日本、澳大利亚等发达地区和国家，再后来就是俄罗斯、非洲、南美洲等。有的人每年都会出门旅游一两次。观光游热潮未减，休闲游热潮兴起，越来越多的人选择在农村、山区、风景区住下来，放松精神，了解人文风俗。旅游、休闲已然成为普通居民家庭生活的重要内容和生活方式。

通信消费 20 世纪 90 年代后期，电脑逐步普及，键盘代替手书，工作效率大为提高。电脑普及后，紧接着互联网联通千家万户，一下子拉近了居民与世界的联系，“不出家门，天下事全知”。电脑不断升级，286、386、486、586 等型号两三年不换就“落伍”了。台式电脑普及的同时，笔记本电脑悄然登场并很快普及，有的家庭“人手一本”。电脑普及的同时，手机也迅速得到普及，起初是“大哥大”，甚为抢眼，惹人艳羡，与大哥大同时出现的还有寻呼机。没几年，“大哥大”体形变小，款式变多，约 2000 年前后达到人手一部。之后随着科技的发展，新产品不断涌现，尤其年轻人，一两年、两三年就更新换代一次。2G 没几年，又出现了 3G、4G。2009 年起，手机与互联网串联，人们用手机就可浏览到无限的信息。

教育消费 20 世纪 90 年代特别是 2000 年之后，教育消费不断升温，成为社会消费中占比较大、投入期长的一项。有的家庭甚至从孩子幼儿时期就开始教育投入，选择好的幼儿园、小学、初中、高中，动辄数万元。孩子课余，家长陪着孩子上各种补课班、奥数班等，甚至找好的教师一对一帮孩子学习，以期孩子考上好学校，将来找好工作。许多家长说：“不能让孩子输在起跑线上。”还有的家长注重孩子的才艺、素质教育，带孩子上各种特长班、兴趣班、才艺班、国学班，价格不菲，有的一年就得好几万元。教育消费的增加导致用于其他方面的消费支出减少。

除上述消费热点外，还有娱乐消费、婚恋消费、生育消费等。社会消费热点不断转型和升级的原因，一是国家经济发展，居民收入增多，购买力增强；二是国家实行“拉动内需、刺激消费”的多项政策；三是信贷消费的兴起和流行，如购房、购车等大宗消费均可通过信贷实现。另外也有少数农民、老年人、流动人口等收入较低，特别是流动人口，收入少，有较重的家庭负担，日常生活简单，糊口穿暖而已，基本没有娱乐、旅游、保健等消费，攒下钱为供孩子上学，在老家盖屋、给孩子成家等。

节 庆

北京作为历史悠久的文化古都，形成诸多节庆习俗，这些习俗与全国各地大同小异。海淀区作为北京的一部分，其节庆习俗与北京其他地区大致相同，并随时代的发展而不断发生变化。

春 节 又称“年”，为一年中最隆重的节日。旧时一入腊月，年味就渐近渐浓了。从腊八至元宵节，均为年期。京谣唱：“小孩小孩你别馋，过了腊八就是年；腊八粥，喝几天，漓漓拉拉二十三；二十三，糖瓜粘；二十四，扫房间；二十五，做豆腐；二十六，去割肉；二十七，宰年鸡；二十八，把面发；二十九，蒸馒首；三十晚上闹一宿，初一初二满街走。”改革开放后，随着生活水平的提高、工作节奏的加快和外来务工人员的增多，社会服务替代家务劳作，年文化也发生了变化。如旧时腊月二十三，俗称“小年”，这天要用糖瓜、关东糖等祭献灶王爷，拜托其上天时多说好话。现今人们的迷信观念日渐式微，加之家家用煤气做饭，灶台基本没有了，祭无祭处，故祭灶仪式基本不存。还有备年货，现在用不着自己杀猪宰羊，市场上各种年货应有尽有，跑几趟就都买回来了，加上单位发的、朋友送的，过年吃都吃不完。大年三十晚，是千家万户最看重也是最有滋味的一段时光。所以快过年的半个月，“有钱没钱，回家过年”，人们纷纷回老家，时一票难求，铁路、公路、航空等运输异常繁忙，加开车次、航班，运送游子回家，时称“春运”。外地在京上学、工作者众多，因都回家了，往常拥堵的城区道路一下子空落起来。近些年，年三十的过法和以前也大有不同，如过年七件事。一是年夜饭。以往年三十晚上这顿饭，要提前好多天准备，当晚全家人还要齐，大家聚在一起，享用一年中最丰盛的一餐团圆饭，席间还要多说吉祥话儿，预示以后的日子和和美美、团团圆圆。现在由于工作繁忙和劳累，人们越来越倾向外出到饭店吃年夜饭，以至于需提前一两个月预定餐位。在外吃饭，家人省去麻烦，有更多时间聊天、打麻将、休息等。二是饭后全家人围在电视机前看央视的春节联欢晚会，俗称春晚。春晚已办30多年，深入人心。随着人们欣赏水平的提高及欣赏品位的不同，人人都能对春晚提出一大堆意见，但还是年年诟病年年看。三是家家户户包饺子，辞旧迎新，祈福纳吉。按古记时法，夜半子时，即新、旧年相交时刻为“交子”，此时吃饺子蕴含“更岁饺子、大吉大利”之意。另外饺子形如元宝，包饺子意味着包住福运，吃饺子象征生活富裕。四是放烟花爆竹。将届夜半零时，北京城夜空爆竹声声、繁花似锦，历时一小时，之后乒乒乓乓一夜零星不断。旧时放爆竹含驱鬼之意，今则为祝福日子红红火火。因燃放烟花爆竹污染大气环境和爆竹伤人事件频发，1993年北京市禁止在城八区燃放，海淀区在其中。2005年应群众要求，北京市改城八区禁止燃放为限时燃放。五是电话、手机短信拜年替代登门拜年。六是给孩子压岁钱。这些年有些变味，20世纪90年代给几元十几元就行了，2000年后就要按“百”来论了，几百元、几千元甚至上万元的都有，还互相攀比，许多人不免为之纠结。也有借此机会行贿拉关系的。七是逛庙会。庙会时间一般为初一到初五。旧时北京庙会很多，今较正宗者有龙潭湖、地坛、白云观、东岳庙等庙会，海淀区有大钟寺、圆明园庙会。20世纪80年代起，央视每年年三十夜半子时都会播出大钟寺敲响的新年钟声。1999年，国家将春节假日和前后周末连缀，成7天长假，不少人家会出京或出国旅游。

元宵节 又称正月十五，为“年”的余绪。旧时这晚，皓月当空，人们吃过元宵，纷纷扶老携幼出门赏月，点灯笼、放焰火、猜灯谜，同庆佳节，其乐融融。今之元宵节，商场里南方北方的汤圆、元宵荟萃，品种不下几十种，令人目不暇接。除吃元宵外，海淀区居民这晚会就近到颐和园、圆明园、玉渊潭、紫竹院等公园看灯展，燃放烟花。元宵节一过，年也就算过完了。

清明节 是祭祀逝去亲人的日子。这天人们会去墓地祭奠、扫墓。近些年，由于工作繁忙和交通拥堵，人们多提前或错后去墓地。因家乡远、不能回家乡扫墓的人们，就晚上在马路十字路口一角，燃烧纸钱，寄托哀思，以致十字路口四角灰迹点点。这虽有碍环境卫生，然事涉民俗，政府除加强引导外，也不强行限制取缔，第二天清除就是了。近些年互联网普及，也有不少人在网上祭奠亲人。清明节也是踏青节，人们除扫墓之外，多出门郊游踏青。清明节的前一天是寒食节，旧时要禁火三天，吃冷食，这一习俗今已消失。

端午节 时在五月初五，又称端阳节、五月节、夏节，相传是纪念爱国诗人屈原的节日。旧时人们这天要包粽子，在屋门西侧插菖蒲棒，在门上方中央贴蛇、蜈蚣、蛤蟆或老虎图案的红色剪纸，辟邪驱瘟。如今因工作忙没时间，或嫌麻烦，加之市场上售卖的粽子很多，所以自家包粽子的不多了，多是去市场买些回家吃。其品种除北方的金丝小枣粽子外，南方口味的粽子也很多。插菖蒲棒等以辟邪的习俗还有，但淡化了许多。除了吃粽子、插菖蒲棒外，也有人在颐和园举办龙舟赛，还有人组织吟诵屈原《离骚》诗篇等。

立夏节　这天海淀山后苏家坨等村的习俗，会在村中支起数口大锅，集百家豆、米等杂粮，熬立夏粥喝。此俗“文化大革命”期间中断，改革开放后恢复。全村人一起熬立夏粥喝，可融洽村民感情，化解矛盾。

乞巧节　时在农历七月七，又称女儿节，今也有人称其为“中国的情人节”。晚上，恋人们会在葡萄架下约会，边偷听牛郎织女在天上说话，边谈情说爱，互赠礼物，表达爱意。

中秋节　俗称“八月十五”。其夜月亮最圆、最亮，月色最皎美。国人重团圆，月圆象征团圆，故又称中秋节为“团圆节”。中秋夜盛行吃月饼，谓之团圆饼，千家万户备好月饼和时鲜果品，一家人围坐在一起，边吃月饼边赏月，其乐融融。2008 年，国家确定中秋节为法定假日，休息一天。但因劳动力流动在外，一家人居住分散，路途遥远，很难回家团圆，故中秋团聚已成为很多家庭的一种奢望。

重阳节　时在农历九月初九。其时秋高气爽，菊花盛开，故旧时这天有郊游登高、赏菊、饮菊花酒等习俗，传承至今。“糕”“高”谐音，故重阳节又盛行吃糕。插茱萸也是重阳节的习俗。1989 年，国家确定重阳节为老人节，之后每年这天，海淀区许多老年人会结伴登游西山，开阔视野，锻炼身体，交流感情；政府机关、学校、企业等会在这天慰问老人，弘扬孝敬老人的传统，让老年人晚年生活更幸福。

腊八节　时在农历腊月初八。这天熬腊八粥、腌腊八蒜的习俗延续至今。当天，人们多在天亮前便熬好一锅腊八粥供全家食用，街坊邻居也相互赠送。近些年重视过腊八的多为退休在家的老年人，年轻人因工作忙，少有自己熬粥的，或在单位食堂喝一碗，或买筒装粥尝尝鲜，就算过节了。海淀区山后的西小营等村近年又恢复腊八村民集中熬粥喝的习俗，此举融洽了村民的关系。

除上述节庆外，海淀区少数民族众多，每到民族节日，少数民族也以各种方式庆祝。如开斋节，回民们会集聚清真寺，做礼拜，互相拜访，共庆佳节。

改革开放后，随着经济、文化的全球化和互联网的普及，西方的情人节、圣诞节、愚人节等节日传入中国，在年轻人中受到追捧。例如 2 月 14 日情人节，恋人们纷纷送鲜花、约会，表达爱意。4月1日愚人节，年轻人常善意捉弄朋友。12月25日圣诞节，街道、酒店、商场、书店等会装点圣诞树和灯饰，播放圣诞歌曲，装扮“圣诞老人”向人们打招呼，向孩子们派发糖果。前一晚平安夜，成百上千名信徒及倾慕基督教的人们会集聚在原海淀镇、今中关村西区的基督教堂，守夜、唱诗、祈祷平安。在中国，圣诞节更像是一个放松、浪漫、狂欢、购物的节日，新鲜的异国风情对孩子和年轻人很有吸引力，商家也借此大把赚钱。此外，母亲节、父亲节等也渐受重视，尤其每年五月第二个周日的母亲节，人们纷纷回家看望母亲，或通过电话向母亲表达祝福，送母亲康乃馨、萱草花、蛋糕，为母亲做饭、化妆等，感谢母亲的养育之恩，祝福母亲健康快乐；年轻母亲们则聚在一起，举办厨艺比赛、时装秀等活动来庆祝自己的节日。

值得提及的是，改革开放以来，特别是20世纪90年代后，为促进旅游、经济和文化的发展，海淀区根据自身特点，挖掘皇家园林、自然生态、科教文化等方面的资源，举办了各种区域性旅游、科技、文化主题节庆活动，丰富了节庆的内容。

植物园桃花节　1988年起，植物园每年3—4月“桃之夭夭，灼灼其华”时节举办，至2010年共举办23届。节期展示60多个品种、万余株桃花及玉兰、海棠、牡丹、丁香、风信子、樱花、郁金香等花卉。年接待北京和全国各地游客少则数十万人，多则逾百万人，其中2004年为132.4万人，2010年为101万人。

香山红叶节　每年10—11月深秋时节，香山10万余株黄栌树叶由绿变红，漫山红遍，如火如荼。从1989年起，香山每年举办红叶节，至2010年共举办22届。红叶节期间，全国各地慕名前来观赏红叶的游人如织，1996年为71.58万人，2000年为63.75万人，2008—2010年每年达到110万人，日均4万余人，呈现“满山红叶满山人”的景象。

玉渊潭樱花节　1994年起，玉渊潭公园每年3—4月樱花盛开时节举办，至2010年共举办17届。其间，有樱花观赏、文艺演出、樱花笔会、茶道表演、摄影比赛等活动及樱花科普、风车、风筝、风铃等艺术展。1996—2010年，共接待游客1235万人次。

紫竹院竹荷文化节　1994年起，每年7—8月万竿修竹浓郁、百亩荷花盛开时节举办竹荷文化节，至2010年共举办17届。节期设竹荷科普、竹荷书画、竹荷诗词歌赋等展区，在竹林间辟“戏竹区”供游人玩耍，在荷花湖设夜间照明，营造“荷塘夜色”美景。2003年节期接待游客23.9万人，2004年达到47.6万人。

海淀艺术节 自1994年起每年5月举办，为海淀区域内群众参与最广泛的文化艺术活动。原名海淀音乐节，1999年改称中关村文化艺术节，2004年改称海淀艺术节。每年艺术节的内容都有所不同。1997年，举办合唱音乐会、卡拉OK歌手赛、秧歌大赛三项赛事和京剧票友会演。2001年，举办由20个合唱团、1300余人参与的大合唱。2005年，举办“相约北京”广场联欢，来自挪威、厄瓜多尔、巴西及南太平洋各岛国的艺术家展示异域风情。2006年，为迎接奥运会和中国第一个文化遗产日，结合“相约北京”“俄罗斯年”等文化交流活动，与“五月的鲜花”、夏日文化广场等活动一起举办。2008年，举办奥运文化广场活动等200多场。2009年，以“创新海淀和谐乐章”为主题，举办22项、300多场活动。

圆明园踏青节 圆明园是著名的遗址公园。随着该园不断开发和绿化美化，圆明园已成为人们游园的好去处。从1996年起，每年4—5月百草放绿、百花盛开时节举办圆明园踏青节，至2010年共举办15届。节期有踏青赏春、放风筝、远足、圆明园寻宝、清明文化及非物质文化遗产展示等活动。其中2009年踏青节接待游客23.3万人。

圆明园荷花节 圆明园内有荷塘800亩，每到夏季，荷叶田田，荷花艳艳，布满片片荷塘，蔚为盛观。从1996年起，每年6—8月在园内举办荷花节，至2010年共举办15届。节期游人昼间可观清莲起舞、品荷茶清香，入夜可赏荷塘月色，还可观赏荷塘中五彩斑斓的灯饰花影。2008年举办“第22届全国荷花展”，设26个特色荷花景点，展出全国各地特色荷花近400种。2009年接待游客100万人，2010年达到144万人。

凤凰岭杏花节 2001年起，于每年3—4月凤凰岭千亩杏花盛开时节举办，至2010年共举办10届。除赏花踏青外，还举办秧歌和摄影比赛、舞龙舞狮、杏花祈祷、龙泉法会等活动。2010年接待游客10.4万人次。

颐和园桂花展 颐和园桂花起源于清朝宫廷，现存百年古桂70余盆，有丹桂、金桂、银桂、四季桂4个品种群。1990年后数次从南方引进桂花，园内盆栽桂花达40余种、2000余盆。2001年起，每年9—10月桂花盛开时节举办“颐和秋韵”桂花展，至2010年共举办10届。

中关村科教旅游节 1999年国务院批复建设中关村科技园区，中关村引起国内外瞩目。2001年5月，海淀区举办中关村科技旅游月，此后每年举办，但名称、时间不固定。2002年8—9月举办中关村科技旅游节。2010年6—8月与市旅游局合办“首届中关村科教旅游节”，其间举办全国旅行社代理商大会及动感科普游、修学励志游、历史文化游、地球生物游 4 个一日游体验活动；评选十佳讲解员、最佳环保科教单位、最佳绿色科技景区、最佳图文直播、绿色发现者、优秀组织单位等。清华大学、北体大、华旗资讯等 15 家科教单位作为首批“科教旅游接待单位”参与，汉王科技、新东方等单位首次面向团队游客开放。各传统旅游景区借势而为，6—8 月接待游客 980 万人，同比增长 9%，形成独具特色的科教旅游市场。

大觉寺玉兰节 1992 年 4 月大觉寺对外开放。寺内玉兰花以姿、色、香久负盛名，一般 4 月上旬开放，花期一周，遇风和日丽天气，可延期数日。2004 年 4 月起每年举办玉兰节。至 2010 年共接待游人 3.66 万人次。

大西山金秋旅游登山节 2009 年 9—11 月首次举办。节期展示大西山 LOGO 和吉祥物“山豆豆”，聘请北京奥运会珠峰火炬传递手吉吉和西山健康老人张汉林为形象代言人，设中外大学生趣味自行车赛及乐活乡村、登山比赛、畅游银杏、养生文化等活动。2010 年，第二届旅游登山节突出环保和低碳理念，推出大西山文化游、民俗游、动感游 3 条线路，举办趣味健走和西山发现、西山美食、西山文化、西山运动等活动，各景区共接待游客 13 万人，较上年增长 61.6%。

旅 游

20世纪80年代以前，旅游是少见的、奢侈的事情，甚至连“旅游”一词也鲜见。要说旅游，多是与出差、探亲联系在一起，人们只是借出差、探亲的机会，顺便游览一下当地的名胜古迹，专门出行旅游的人极少。从20世纪80年代开始，随着我国经济快速发展和人民生活水平不断提高，旅游市场逐渐火爆，出行旅游逐渐成为人们生活中不可缺少的一项内容。

旅游的目的，开始还只是想看看祖国的名山大川、名胜古迹，了解中国文化，开阔眼界。后随着社会发展，人们生活水平和精神需求提高，旅游形式与内容也逐渐多样化：有单位领导为关心职工身心健康、凝聚团队而组织的集体旅游；有在职人员为放松心情、缓解压力的个人旅游；有家庭成员、亲戚之间为增进亲情一起去的家庭旅游；有经商者、朋友之间为相互沟通、联络感情一起去的商务旅游；有退休人员为充分享受晚年生活结伴去的老年旅游；有子女孝敬父母、老人，出钱促使亲人旅游；有结婚度蜜月旅游；有年轻人为寻求刺激去的探险旅游；还有人专门为购物、摄影、品尝美食远赴某地、某国旅游等。同时人们从起初的跟旅游团走马观花式的旅游逐渐发展为看历史、看文化、看风土人情的自由行式深度游。

出游方式，20世纪80年代多是以集体组织为主，90年代开始，除集体组织外，个人组团出游逐渐盛行。特别是在国家实行年休假制度后，年休假制度、“双休日”、“黄金周”为人们旅游出行提供了更充裕的时间条件，更多的人借此机会出外旅游。有关统计数据表明：1996年全年国内旅游出行人数为1942万人次，而1999年仅“十一黄金周”期间全国旅游出行人数就达到2800万人次，2000年全国旅游出行人数达到6000万人次，2009年“十一黄金周”全国出游人数达到2.28亿人次，2010年全国出游人数达到10.97亿人次。海淀区收入水平相对较高，区内有各种旅行社近百家，集体、个人组团旅游较普遍。集体组团旅游，是以度假方式由各单位自行组织，分期分批，30~50人一个团，时间多在七八月，一般是5~7天。个人组团多以家庭、朋友为主，一年四季均有。为方便人们旅游，一些旅行社直接进驻区内的宾馆、饭店，海淀区工会及当代商城还成立有旅行社。有的旅行社直接与社区挂钩，由社区出面组织居民、退休人员旅游团，国内、国外、远途、近郊均有，旅游大巴直接到小区门口接送。这种在家门口即可报团旅游的方式，深受社区居民欢迎。

旅游目的地由近及远。二十世纪八九十年代，人们国内游居多。最初是到北京周边景点，如北戴河、承德、白洋淀等地。北戴河曾一度是海淀人的首选，一些单位为了职工度假方便，还在北戴河等地建有宾馆、招待所或设置办事处。那一时期，北戴河边总能碰到海淀人。后又相继游览全国各地的名山大川、名胜古迹，到新疆看喀纳斯，到西藏看布达拉宫，到云南看香格里拉，到黑龙江体验漠河严寒……随着生活水平的提高，也为旅游方便，海淀一些人在海南或东部沿海城市购买房子，冬天去海南避寒，夏天去东北避暑，被称为“候鸟族”。双休日来不及走远，人们就选择到附近公园赏花、摄影，到郊区去郊游、登山、垂钓，住农家院，品尝农家菜。这也同时带来北京海淀农家院的农家乐游兴起，2010年，海淀区的农家院、民俗户达70余家，可同时接待上万名游客，旅游旺季仅车耳营村农家院一天便接待游客近2000人。海淀区有得天独厚的旅游资源，为适应旅游市场的需要，丰富海淀人及国内外游客的旅游内容，海淀区相继推出各种特色游、科技游及各种旅游节庆、庙会等项目，如玉渊潭樱花节，凤凰岭杏花节，圆明园荷花节，香山红叶节，圆明园、颐和园、凤凰岭的节庆庙会等。各乡镇还相继推出鲜杏、樱桃、冬枣、苹果采摘节。90年代后期开始，人们逐渐走出国门，实现世界游、境外游的梦想。开始是“新马泰游”、港澳游，以集体组织为主。1996年全国出境游人数不足300万人。2000年以后，欧洲、美洲、澳洲、非洲游逐渐盛行，同时个人游开始兴起。2002年，全国出境游人数达到1660万人。2003年9月1日，北京、上海居民首批赴港澳个人游成行。2007年11月，海淀区办理各类出境证件1.4万件，12月达到1.5万件，其中23日一天达到1045件，首次出现日办理护照超千件，居北京之首，其中70%以上是团队旅游。2008年6月海协会陈云林与海基会江丙坤在北京签订协议，开放大陆居民赴台湾旅游，首批开放北京、天津、福建、山东等13个省市，每天人数不超过3000人。7月4日，首架周末直飞包机从北京飞往台北，载客258人。2010年，全国出国游人数超过5200万人，其中赴美国旅游达到100万人。同年，海淀出入境管理处受理海淀区公民因私护照、港澳通行证、来往台湾通行证等 20.5 万件，其中大部分为旅游。

旅游交通工具逐步增多。初期是旅游大巴、火车，后来随着国家经济发展和人们生活水平的提高，远途旅游多以飞机为主。2007 年动车开始运行，又为人们出行增加一项选择，特别受老年人的喜爱。2000 年后，随着家庭轿车的普及，自驾游又受到青睐。北京周边城市、旅游景点，成为海淀人初期自驾游的目的地。自驾游使人们既感受到旅游的随意，又享受到驾车的乐趣。后云南、广西、新疆、西藏等边远地区，也都有海淀自驾游爱好者的身影。自驾游也带来一种现象：每逢节假日，海淀周边多条高速公路及周边公园、景点爆堵，公路成了“停车场”，有时堵车长达几小时、十几小时，车停在高速路上过夜、人们下车遛狗、打羽毛球等现象都曾发生过。每年香山红叶节期间，经常有许多游客堵在香山脚下。如 1998 年 10 月 28 日，游览香山人数达到 13 万人，造成交通大拥堵。1999 年，海淀区改造香山路网，修建停车场，缓解车辆拥堵状况。之后相继对区内各景区景点周边进行整治改造，新修、拓宽道路及停车场，治理周边环境卫生及旅游秩序等，为游客创造良好的旅游环境。2000 年后，一些年轻人出国旅游，也选择自驾游方式，以寻求自由、随意、刺激的感觉。随着房车的出现，一些自驾游爱好者自驾房车出行，既时尚又方便，每次出游时间不等，长的可达几个月，可游历多国。近些年国内旅行社又推出“邮轮游”，这种游轮可载客 3000~4000 人，游轮上商店、餐厅、咖啡厅、酒吧、舞厅、电影厅、剧场、游泳池、儿童游乐场等应有尽有。游轮航行路线遍及五大洲，但以日本、韩国游等为主。时间多为 5~7 天，也有较长时间的。这种旅游方式老少皆宜，特别适合老年人或全家集体出游。

二十世纪八九十年代，人们出行吃饭，以简单、便宜、吃饱为主，出国旅游也有自带方便面的现象。随着人们旅游档次的提高，品尝各地特色饭菜、小吃已是旅游出行不可缺少的一项内容。游人每到一地，地方美食街、特色小吃街成为人们的必游之地，西餐也逐渐被更多人所接受。人们出游不光要购买旅游纪念品，还会带回各地特色小吃。为丰富外地、外国游客的口味，海淀各景区景点也都推出北京特色小吃，以及代表各地方特色的美食，许多游客购买北京烤鸭、北京果脯、稻香村糕点等带回家。

旅游中疯狂购物，是一段时期国人旅游的一大特色。开始时一些人购物还较为自觉、理性，所购物品以地方特色、纪念品、精品名牌为主。后来受好奇、从众、攀比心理驱使，再加上一些导游的诱导，很多人都出现非理性消费行为：各种地方特色纪念品、名牌商品重复购买，回来后除将部分送人外，大多闲置在家；由于盲目购物心态，所购假冒伪劣名牌、劣质特色商品现象时有发生。在利益驱使下，也有导游强迫游客购物，强行将游人拉到各种“定点”专卖店、厂家（这些地方物品价格相对较高），通过各种“活动”、多种形式诱导（甚至强迫）游客购物，之后专卖店、厂家按照游客购物数量给导游提成，因此也出现导游强制购物与游客发生冲突的事件。国外旅游中，时常有中国游客将某品牌店抢购一空、外国人为之瞠目的新闻。2010 年一项数据显示：中国内地游客海外旅游期间的购物开支在亚太地区高居榜首，消费总额达 540 亿美元，人均购物支出为 874 美元，折合人民币 5000 多元。中国游客在美国平均消费达到 7000 美元，而其他国家游客只有 3000~5000 美元。为迎合中国人疯狂购物的心理，很多国际大都市的商业区都设置了中文导购，且服务热情、周到。港、澳、台一些大商业区购物可直接使用人民币，这也对人们购物起到推波助澜的作用。2000 年后信用卡的使用更是刺激了许多人的购物欲望。

旅游热，特别是越来越多的国人去海外旅游，也暴露出少数中国游客的一些陋习及不文明行为，如在公共场所大声喧哗，上车（飞机）乱挤、不排队，随地吐痰，乱扔垃圾，在景点乱写“到此一游”，乱折乱采树枝花草，过马路不看红绿灯（有“中国式过马路”之讥），在拍照禁区拍照，浪费食物等。海淀区的自然风景区、公园也发生过游人擅自闯入旅游禁区，从而迷路走失事件，还有个别登山“驴友”（旅友）被困深山或掉下山崖致伤致死的情况。随着国家加强旅游管理和社会宣传，我国游客的文明素质及安全意识也在不断提高中。

海淀区风景优美，名胜古迹荟萃，为国内外旅游者所青睐。近些年，区委、区政府不断改善原有旅游资源环境和条件，同时依托区内孙中山纪念堂、李大钊烈士陵园、双清别墅、佟麟阁纪念馆等资源，发展红色旅游；以区内各高等院校、科研院所、中关村科技园区各专业园区为重点，推出“动感科普游”“修学励志游”“历史文化游”“地球生物游”等海淀旅游新品牌及“科技旅游”“大学游”等特色项目，中外游客来海淀除游览颐和园、圆明园、香山外，也游览中关村科技园区和清华、北大等著名高校。近些年，每逢寒暑假，一些父母带孩子游览北大、清华，校园中旅游团一队一队，蔚为壮观。20 世纪 90 年代，海淀区开始发展乡村旅游，打造“一村一品”旅游特色村。其中，车耳营村打造“古车文化大观园”，管家岭村打造“法兰西乡情旅游村”，七王坟村打造“妙高福地文化村”等。

2010 年前后，海淀区还建设“温泉红楼梦源文化旅游带”“上庄滨水休闲旅游带”等。来海淀区旅游观光的游客大增，2001 年海淀区接待游客 2568 万人次，2010 年增至 4470 万人次。

业余生活

新中国成立后，各行各业的劳动者精神振奋、斗志昂扬，为了迅速改变祖国一穷二白的面貌，满怀热情地投入社会主义建设，以不计报酬、不计时间、全身心投入工作为荣，而用于休闲娱乐的时间很少。从新中国成立到20世纪90年代初，国家实行劳动者每周48小时工作制，星期天是每周唯一的休息日。大多数人平时忙于工作，要利用周日这一天完成一周积攒下来的家务，如买菜、买煤、洗衣服、打扫卫生等，一年也难得抽出时间去逛公园或看场电影，人们戏称之为“战斗的星期天，疲劳的星期一”。改革开放初期，各行各业、各个岗位上的人们连续高负荷、快节奏工作，促进了中国经济的高速发展。许多人一天忙到晚、一年忙到头，不少私营企业的工人不但没有休息日，而且每天工作都在8小时以上，超时劳动现象严重。同时却存在劳动生产率远低于实行劳动者每周休息两天的发达国家、国民健康水平下降等现象，这一问题引起社会的普遍担忧和政府的高度重视。

在进行大量调查研究的基础上，1995年3月，国务院发布修改职工工作时间的规定，将每周工作时间由48小时减为40小时，即实行双休日工时制，从当年5月1日起实施。2000年以后，北京市开始试行公务员强制休假制度，对企业也提出保证职工带薪休假的要求，加强监督检查，严控超时用工行为。

后来的实践证明，这些措施不仅没有降低工作效率，反而促进了工作效率的提高，使经济发展速度进一步加快，与休闲娱乐相关的第三产业的发展最为迅速。其后国家又适时推出“黄金周”7天长假。收入的提高和自主支配时间的增加，丰富了人民群众的业余生活，人民群众的生活质量和健康状况得到切实改善。

在这一时期，随着高新技术快速发展和国家实力增强，互联网技术被引入中国并迅速得到广泛应用。它不仅使各行各业的工作效率大幅提升，其强大的娱乐功能在潜移默化中也使人们的业余生活发生巨大的变化。

人们业余生活内容既因年龄、性别、性格、兴趣爱好而异，也与经济能力、文化背景、生活习惯相关。海淀区居民中，既有中关村科技园区的商界精英、大量白领雇员以及规模庞大的大学教师和学生群体，也有传统工商业普通工作者，还有尚未完全脱离土地的农民。各种不同文化品位和消费层次的海淀居民业余生活各得其所。

互联网与手机娱乐 1989年中国正式开始建设互联网，1994年获准加入互联网并完成联网工作。1995年，国家电信总局向社会提供互联网接入服务。计算机在20世纪90年代陆续被应用到各行各业，并且很快普及到家庭。同时被人们立即接受并广泛使用的是互联网。海淀区是新浪、搜狐、百度等知名网站的发祥地，居民得风气之先，从20世纪末开始，利用计算机上网成为许多人业余生活的重要内容，包括看新闻、看电影、看电视剧、玩游戏、聊天等。

1996年，中国移动电话尚在起步阶段，售价万元乃至数万元一部的手机是少数成功人士身份的象征，普通工薪阶层不敢问津，且那时手机的功能也只限于通话。20世纪末，手机价格开始不断下降，手机迅速普及，短短几年，居民几乎人手一部。手机所具备的短信功能，将流行一时的BP机逼出市场。1997年，爱立信、诺基亚、摩托罗拉三大移动电话厂商制定协议，通过WAP，手机用户可随时随地获取互联网上的即时信息或公司网站资料。2001年中国移动通信的“移动梦网”开通，2004年后又陆续开创3G、4G门户，手机上网进入人们的生活。如果说手机短信拉开了人与人的距离，使原来的走亲访友、节庆互拜简化为短信问候，那么，手机上网则拉近了人与世界的距离——通过手机读书学习，和亲朋好友聊天，观看影视乃至订餐，订机票、车票、购物等成为许多人业余生活的重要内容。每天上下班的公共汽车和地铁上，上班族几乎每人都会拿着手机，打电话的、发短信的、发微博的、聊天的、玩游戏的，应有尽有。无论走到哪里，或办事或消遣，手机都不可或缺。手机通话取代了书信。网上购物因为便捷和廉价，深受年轻人青睐，对传统商业构成很大威胁，休息日上街购物的人减少，有人认为未来网络购物会取代实体商场。开车出行要靠手机导航。手机同时还具备照相功能，除摄影爱好者外，人们旅游不用再带相机了。近年来微信的出现使手机的操作更加简单方便，从小孩到老人几乎无人不会使用。手机已经成为每个人须臾不离的生活必需品。

健身与美容 健身是市民业余生活的重要组成部分，但健身方式根据经济能力和兴趣爱好各有选择。普通群众仍然喜爱乒乓球、羽毛球、游泳、长跑等传统锻炼方式。20 世纪后期新兴的健身方式有网球、保龄球、马术、瑜伽等，适合中等收入以上人群。许多商界高端人士钟情于高尔夫球。海淀区 20 世纪末陆续建成香山、燕西、上地、万柳等十几个高尔夫球场或练习场，主要客源是中关村科技园区、金融、房地产开发等领域的高收入群体。到了冬天，一些爱好者还时常趁周末打“飞的”（将飞机航班比喻成出租车），专程去海南、广东等南方城市打高尔夫，周五晚上出发，周日晚上回来，不耽误上班。1998 年海淀区启动全民健身工程，为居民区配备健身器材，至 2006 年，覆盖 100% 的农村行政村和 85% 的街道社区。从 2000 年起，陆续建成畅春新园文体中心、长春健身园、泰华鹏海文化体育交流中心、汇通诺尔狂飙乐园等特色体育公园，满足人们对各种室内、室外体育锻炼的需要。狂飙乐园集摩托车、卡丁车、骑马等时尚运动和水果采摘、住宿、餐饮于一体，开辟了新型休闲方式。海淀区每年举办元旦越野赛、红叶体育节、万人棋牌赛等活动，吸引广大市民参加。2010 年，全区有各类经营性体育场所 252 个，其中体育馆（场）91 个、游泳馆（场）161 个，周末一些场馆人满为患。每天早晨，区内各个公园里打太极拳、舞剑、舞扇、跳舞、踢毽子、抖空竹等各种锻炼方式都有相对固定的人群和场地。长走也是人们喜爱的一种运动，每天在颐和园绕昆明湖行走的人数以千计。

百度地图显示，海淀区是北京市美容店最为密集的地区之一，各种水疗馆（SPA）、养生馆、美容美发店、美甲店随处可见，价格高中低档兼备。顾客来自各个阶层、各个年龄段，以女性居多。忙里偷闲去做美容，成为许多职业女性业余生活的重要内容，在把自己修饰得更加年轻、漂亮的同时，还收获了轻松和愉快。

旅　游　1999 年国务院公布《全国年节及纪念日放假办法》，将春节、劳动节、国庆节的假期与前后两个双休日拼接，形成七天长假，称为“黄金周”，目的是进一步拉动假日旅游经济。此举在当年就收到明显效果，形成旅游热，此后多年旅游热持续不减。相当多的家庭选择利用假期外出旅游。2007 年 12 月 24 日《法制晚报》报道，由于即将取消“五一”长假，人们改变了春节不出门的习惯，元旦、春节旅游出现“井喷”，海淀区当年 11 月办理各类出境证件 1.4 万件，12 月达到 1.5 万件，其中 12 月 23 日一天达到 1045 件，首次出现日办理护照超千件，居北京市之首。记者采访家住海淀区恩济里小区的张女士，张女士说：“孩子快放假了，我们准备带他去趟香港，正好年底香港购物便宜。”出游的目的除了开阔眼界、增长知识、放松心情以外，还有购物、品尝美食等。目的地已不限于国内，世界各国著名景点都有海淀区游客的足迹。

一些人冬天去海南避寒，夏天去东北避暑，被称为“候鸟族”。海淀区许多人在海南购买了住房，每年去海南过冬已成规律。双休日人们则在市内公园游览或驾车郊游。海淀区西山地区建起了许多旅游设施，车耳营等村提供吃饭、住宿、采摘水果、登山等服务项目，“住农家屋，吃农家饭，干农家活，享农家乐”成为城市居民休闲旅游的常见方式。

阅　读　海淀文化氛围浓厚，利用业余时间读书是许多市民的习惯，书籍销量一直很大。20 世纪 90 年代以后，生活的快节奏和互联网的出现，在一定程度上改变了人们的阅读习惯，购买纸质书籍的人逐渐减少，一些曾很有名的书店，如“国林风”“风入松”“第三极”等相继倒闭。但电子图书并未完全取代纸质图书。2003 年 10 月开业的中关村图书大厦毗邻北京大学，是和北京图书大厦、王府井书店齐名的大型书店，营业面积近万平方米，汇集 35 万余种纸质图书和音像制品、电子出版物。截至 2010 年 10 月，大厦已经有 112 万名会员读者，销售额 1.83 亿元。为了吸引读者，大厦经常邀请著名作家、学者开办讲座和签名售书。每逢周末或节假日，前来购书的人络绎不绝。也有许多人选择网上读书。“网络写手”陆续出现，他们在互联网上发表自己的作品，供人们有偿阅读。点击率高的作品往往又被印成纸质图书。文史类书籍里面，一批介绍现代革命史的著作成为超级畅销书，如国防大学教授金一南写的《苦难辉煌》，武警政治部王树增写的《长征》《朝鲜战争》《1901》等（这两位作家的工作单位都在海淀区），几次再版销路不衰，两人都荣登中国作家排行榜。年轻人喜欢普及历史、国学知识的“快餐类”书籍，2009 年前后中华书局推出的“一本书读懂”（三国、秦汉、唐朝、宋朝……）系列断代史丛书也多次再版。海淀区图书馆藏书 60 万册，有区域文献资料 2000 余册、报刊 500 多种，常年举办讲座、展览、讲演等活动。此外区内还有科研院所图书馆 150 余家、大学图书馆 50 余家。坐落在海淀区的国家图书馆更是每到休息日一座难求，阅读书籍和查找资料的人络绎不绝。

摄影与书画　随着人们物质生活水平的提高，原来作为高雅艺术的摄影普及到了普通市民。摄影爱好者自备数万元的摄影器材，并下大气力研习相关技巧。海淀自然和人文景观资源丰富，玉渊潭春天的樱花、紫竹院初夏的新竹、香山晚秋的红叶等，都是摄影爱好者拍摄的对象。颐和园的十七孔桥在每年冬至前后的傍晚，会出现阳光同时从十七个桥洞穿过的美景，称为“金光穿洞”。每当此时，常有人从上午就去抢占最佳摄影位置。待“金光穿洞”美景出现时，数以百计的摄影者摩肩接踵，“长枪短炮”快门声响成一片，蔚为壮观。此外，摄影爱好者还用镜头记录中关村科技园区日新月异的发展变化和人民群众丰富多彩的生活，创作出不少艺术品位很高的佳作。

书画也走入了寻常百姓家。海淀区常年有各类书画培训班举办。海淀老年大学的书法和绘画课聘请名家授课，每学期收费300元，因名额有限，最难报名。街道乡镇乃至社区经常举办市民摄影、书画展览或比赛，吸引众多参观者。海淀区摄影家协会1983年成立，现有会员180多人；美术家协会1984年成立，现有会员160多人。其中大多数会员都是非专业人员。各个公园里还时常可见有人持三尺巨笔，蘸清水在地面上展示书法，既是消遣，也是健身。

培育子女　中年人业余时间很大一部分用在孩子身上，为了不让孩子“输在起跑线上”，从幼儿园阶段，家长就着力发掘和培养孩子的音乐、体育等特长和英语听说能力。孩子上小学后，除了每天接送之外，周末还要陪孩子参加各种各样的辅导班、补习班、加强班、特长班，有时上午上完课顾不上回家，下午又要赶到另外一个班，请家庭教师为孩子做“一对一”辅导的也不在少数，这种状况甚至一直会持续到孩子考上大学为止。海淀区是教育大区，家长普遍对孩子期望较高，所以在孩子身上倾注的精力很多。

影视与戏剧　20世纪90年代起，人们纷纷把家里的显像管电视机更新为刚推出的高清液晶电视机。电视节目日趋丰富，可选择的频道越来越多，人们可以根据自己的爱好收看电视剧、体育、戏剧、综艺、少儿、科教等各种节目。好的电视连续剧曾轰动一时，人们争先收看；也有一些粗制滥造的电视剧受到广泛批评。2001年7月开播的《百家讲坛》节目由专家、学者讲解中国历史、文化，吸引了众多观众，形成“学者明星化”现象。重要的体育比赛和普及养生知识的节目也有很高的收视率。大年三十几乎所有家庭都会看“春晚”。

电影放映由胶片模式发展为数字化模式。中关美嘉欢乐影城、嘉禾万柳影城、耀莱国际影城等新型影院陆续建成，放映厅由过去可容纳数百甚至上千人缩小到几十人，观影环境更加舒适。虽然人们的休闲选择很多，但好电影仍然不缺观众。《建军大业》《任长霞》等主旋律影片及《集结号》《让子弹飞》等贺岁片都为人们所津津乐道。电影的票房收入逐年递增。

年轻人喜欢看明星演唱会。在首都体育馆举办的著名歌星演唱会门票动辄上千元一张，但几乎每场都座无虚席，场外还有人等退票。有的“追星族”还会专程到其他城市去看自己喜欢的歌星演出。

海淀区的剧院有中国剧院、海淀剧院、国安剧院、国图音乐厅等，还有各大学的礼堂，经常有国家级和国外艺术团体在此演出经典戏剧、歌舞、音乐节目，观看这种演出成为越来越多人的艺术享受。

自娱自乐 不同年龄段的人选取不同的自娱自乐方式。年轻人去 KTV 唱流行歌曲，去迪厅跳迪斯科；中老年人喜欢聚在广场空地或公园里跳集体舞，唱民族歌曲。颐和园、紫竹院公园里都有自发组织的合唱团，有指挥和乐队伴奏，演唱新中国成立以来的优秀曲目，随时接纳爱好者，参加的人数多时可达数百。紫竹院西南门旁的亭子是京剧爱好者聚集的地方，每天上午都“开戏”，拉弦、弹拨、打击、吹管等乐器应有尽有，演唱者字正腔圆，非一日之功。此外还有打太极拳的、吹奏乐器的、跳交谊舞的，都有固定的活动场地。

探亲会友 由于住房条件的限制和生活习惯的改变，成家后的子女一般都不和父母住在一起，上班族只能利用周末和节假日抽时间去看望老人。春节是一家人团圆的日子，兄弟姐妹多的家庭很可能是一年中唯一一次聚齐。许多人家将除夕晚上的年夜饭从家里移到了饭店，致各处饭店、餐馆爆满，如不提前多日预订，怕是订不到餐位。

同学聚会是中老年人非常喜欢的活动。除了大学、中学乃至小学同学聚会，还有当年一起插队的“插友”“荒友”聚会，一起当兵的战友聚会等。有些人一年要参加好多次这样的聚会。大家聚在一起回忆年轻时的日子，有说不完的话，甚至还会唱起当年的歌、跳起当年的舞，这样的一次聚会能给人带来多日的愉悦。

朋友有因共同志向而结交，有因共同爱好而结交，如文友、球友、棋友、牌友、旅友等。朋友聚会除了聊天、吃饭外，会根据共同爱好进行娱乐，如下棋、打扑克、打球、打麻将等。

饲养宠物 越来越多的家庭饲养宠物，种类包括鸽子及其他鸟类、鼠类等，但多为狗或猫。豢养宠物要花费许多时间和金钱。宠物的食物甚至比人的食物还要昂贵。宠物生了病要去宠物医院，主人外出旅游要找人代养宠物，或将宠物寄养在宠物旅馆。养狗的人每天要抽出时间遛狗。海淀区有一批爱心人士，除了照顾自家宠物外，每天按时在住宅区或公园里喂食流浪猫，风雨无阻。

“宅”现象 有一些人，没有固定职业，每天憋在屋子里不出门，与社会隔绝，脱离社交，一个人在家玩电脑游戏、泡论坛、看动漫、看电视连续剧，人们将这种人称为“宅男”“宅女”。而一些有固定工作、下班回家后沉迷于某一件事物（哪怕和电脑网络无关）、社会交往不多的人，也被称为“宅男”或“宅女”。

宅男、宅女主要集中在年青一代，以独生子女居多。这一类独生子女从小被父母看护较严，形成了出门少、朋友少、交际少的特点，抵触去人多的地方。过去这种人不多，人们称之为“家里蹲”。现在这种人越来越多，已演变成一种“宅”文化、一种社会现象。有人将这种人分为不同类型，如纯宅、萌宅、电脑宅、技术宅、眼镜宅、虚无宅等。其中有些人是专注于某一事业，有些人是出于某种心理原因，不能一概而论。

互联网

互联网的创建 1969年美国国防部高级研究计划署ARPA资助建立了世界上第一个分组交换试验网ARPANET，连接美国4所大学。20世纪70年代末80年代初，计算机网络蓬勃发展，各种各样的计算机网络应运而生，如MILNET、USENET、BITNET、CSNET等，且网络的数量和规模都得到了很大的发展。一系列网络的建设，产生了不同网络之间互联的需求，并最终导致了TCP/IP协议的诞生。1980年，TCP/IP协议研制成功；1982年，ARPANET开始采用IP协议；1986年，美国国家科学基金会NSF资助建成基于TCP/IP技术的主干网NSFNET，连接美国的若干超级计算中心、主要大学和研究机构，世界上第一个互联网产生。20世纪90年代，随着Web技术和相应的浏览器的出现，互联网的发展和应用出现新的飞跃。1995年，NSFNET开始商业化运行。

中国互联网的诞生和发展 海淀是中国互联网使用起步地、设备制造地、著名网络公司聚集地。1986年8月25日，中科院高能物理组从北京710所IBM-PC机上向ALEPH负责人斯坦伯格发出一封电子邮件，为中国大陆发出的首封国际电子邮件。同年，北京计算机应用技术研究所与德国卡尔斯鲁厄大学合作启动国际互联网项目CANET（中国学术网）。1988年，清华大学校园网开通电子邮件应用。1989年，中科院、清华、北大合建NCFC（National Computing and Networking Facility of China），为中国科学技术网（CSTNET）的前身。1993年3月2日，中科院高能物理所许榕生研究员主持开通接入美国斯坦福线性加速器中心（SLAC）64K专线，为中国大陆接入Internet的首根专线。1994年5月21日，中关村地区教育与科学示范网NCFC与国际Internet联通，使中国成为全球第71个与国际直接联网的国家。1995年，国家电信总局CHINANET专线开通，并通过电话网、DDN专线、X.25网向社会提供Internet接入服务，互联网由此开始进入千家万户。同年5月，高能物理所建起中国首台Web服务器，推出“中国之窗”，为中国首个网站。至 2010 年，海淀区聚集有众多知名网站。

海淀地区的互联网发展可分为三个阶段：

1987—1993 年为研究试验阶段。一些驻区科研机构和高校从事互联网技术研究，1989 年 11 月建设 NCFC，为中国科学技术网的前身。网络应用限于小范围的电子邮件传输。

1994—1996 年为起步阶段。1994 年 4 月，中关村教育与科研示范工程进入互联网，从此中国被国际正式承认为应用互联网国家。之后，中国公用计算机互联网、中国教育和科研计算机网、中国科技网、中国金桥网等多个互联网项目在全国相继启动，互联网开始进入千家万户公众生活，并得到迅速发展。这一时期，一些网站在海淀区诞生，如：

瀛海威网络　1995 年，瀛海威科技公司在中关村铺设光缆线路，连接中科院网络路由器，建成瀛海威网络科技馆，为中关村地区和全国首家民用商务在线服务网站。1996 年后，公司相继建起北京、上海、广州、深圳、沈阳、哈尔滨、福州、西安等八市网络分站和全国大网测试中心，推出“瀛海威时空”信息服务品牌，为中国民间互联网之始。

赛迪网　1996 年 4 月，《中国计算机报》建立域名为 ciw.ccid.net.cn 的网站，为赛迪网前身。2000 年，赛迪集团开通赛迪网，为国内最大的 IT 专业服务及产业服务链的垂直门户，有合作媒体 200 余家，新闻转载率居国内首位。

搜狐网　1996 年 8 月，留学归国人员张朝阳创办爱特信信息技术公司，建立爱特信网站，其中部分内容为分类搜索，称“爱特信指南针”。后结合古汉语“之乎者也”，改名“搜乎”。因考虑到狐狸机敏、灵活的特质符合搜索引擎特点，遂改“搜乎”为“搜狐”。搜狐网为中文世界知名互联网品牌，服务涉及媒体资讯、无线增值、互动沟通、产业服务、搜索引擎、网络游戏、生活服务等诸多领域。该网是 2008 年北京奥运会互联网服务赞助商。

1996 年，中国互联网用户达 20 万户。

1997—2010 年为快速发展阶段。全国互联网用户呈几何级数增长，约每半年就翻一番。海淀区这一时期诞生众多网站，如：

联众世界　世界最大的游戏娱乐网站之一，1998 年 3 月成立，推出中文简体、繁体及英文、日文、韩文等多语种版本。除在中国架设服务器外，在美、日、韩等国亦有架设。其游戏品牌由初期的 5 款渐增至 200 款。2007 年有注册用户 2 亿户，每周上下线网民逾千万人，最多时同时在线网民有 70 万人。

腾讯网　1998 年腾讯公司成立后，致力打造中国网络社区，满足互联网用户沟通、资讯、娱乐、电子商务等多方面需求。2007 年，成立中国互联网腾讯研究院，实施技术研发。

新浪网　1998 年底新浪公司成立，其旗下网站新浪，与搜狐、网易、腾讯被誉为“中国四大门户网”。辖北京、香港、台北等新浪中文网站。有新浪网、新浪无线、新浪互动社区、新浪企业服务、新浪电子商务 5 条业务主线。全球注册用户 2.3 亿户，日浏览量 7 亿次。

歌华有线　全称是北京歌华有线网络公司，简称“歌华”，1999 年 9 月成立，是唯一负责北京地区有线广播电视网络建设、经营、维护和从事广播电视节目收转传送及网络信息服务的运营商。2002 年，并购全市区县有线电视网络，实现“一市一网”。至 2010 年，有线电视注册用户达 448 万户，高清交互用户逾 130 万户。

百度搜索　全球最大的中文搜索引擎和中文网站。2000 年建立。初期员工仅数人，后增至万人。为网民提供基于搜索引擎的各种产品，覆盖中文网络世界所有的搜索需求，并进入 C2C（个人与个人之间）电子商务领域。百度借助超大流量的平台优势，联合优质网站，建起全球最大的网络联盟。

长城宽带　全称是北京长城宽带网络服务有限公司，是全国最大的驻地网运营商。2000 年 4 月成立。总部位于海淀园，在全国 30 个大中城市设有分支机构。为用户提供从接入到骨干、从天空到地面的端到端宽带解决方案，并发展基于多媒体技术的宽带产品。2010 年，网络用户近千万户。

赛尔网络　全称是赛尔网络有限公司，中国教育和科研计算机网运营商。2000 年 12 月由教育部及清华、北大等高校共同组建。在北京、天津、广州、深圳、南京、重庆、成都、沈阳等地推出互联网拨号接入服务，在全国设分支机构 20 个。

中国卫通　全称是中国卫星通信集团公司，是全国六大基础电信运营企业之一。2001 年 12 月成立后，利用商用卫星为中国电视节目上星提供卫星信道传输服务。

这一时期起，网络逐渐成为人们工作生活所必需。海淀区网络快速发展，2010 年宽带接入 59.9 万户，其中光纤到户 29 万户，平均接入能力达 20 兆，城区平均接入带宽 2 兆。3G 实现规模部署，覆盖率逾 90%，其中五环内覆盖 100%，至 2010 年，3G 用户超过 60 万户。高清交互式数字电视覆盖绝大部分家庭。按户籍人口统计，2005 年每百户有电脑 84.4 台、移动电话 149.1 部，2010 年每百户有电脑 111.2 台、移动电话 147.8 部。移动电话多为智能型，上网极为方便。

网络使用遍及社会生产生活各个领域，如：

政府网　1996年开通，1999年后逐步普及。2003年，在网上开设“招商引资”栏目，发布招商项目、投资、优惠政策、区域规划、经济发展战略等信息。将综合经济管理及招商服务等集中起来，为企业和投资者提供线上、线下全方位、“一站式”、“一窗式”服务；建立在线展示系统，发布招商信息；建立房产信息查询和网上交易服务系统，为入驻企业提供房产、地产和物业信息。2005年，向社会提供网上交互式办公服务，实现审批、备案、报表、办证、年检等1578项服务事项网上办理。2010年，政府机关办公实现全程网上运作和无纸化，政府网已进入社会各领域及千家万户。

科技园区网络　2000年，海淀园管委会网络实现全覆盖，向企业提供入园申请、登记注册、日常管理、咨询服务等64项网上服务。2002年，实现交互式网上办公和政府、企业、社会、中介服务4类资源整合，为高新技术企业提供全方位数字化服务。2003年，网上办公系统覆盖6大类124项管理与服务项目。2007年，海淀园建立“科技企业走出去一站式网络服务平台”（Information Bridge，iBridge），实现政府、企业、咨询与中介机构、专家等资源的整合，架起园区与世界互联互动的桥梁。过去需要坐飞机、坐火车，几天、几个月才能办成的事，现在只要“动动手指”，几分钟就可以搞定。

企业网络　20世纪90年代后期，海淀区企业特别是高新技术企业进入互联网信息时代，企业纷纷建立自己的网站，通过网络获取或发布信息，了解市场需求，购进原材料，展示企业产品及形象。2000年后，通过微博、微信、QQ空间、客户端等途径，随时随地发布企业信息，招揽客户或投资者。

农村网络　1998年，海淀农业信息网开通，广大农户借此可获得农村经济的各种信息。2003年，各乡镇建起远程教育站点，形成农村远程教育网，拓宽农民学习科学技术、提升文化素质的渠道。2006年后，车耳营、门头村、北安河、永泰庄等12个村建成“数字家园”，村民通过网络可查询、发布各种信息，参与技能培训、文化娱乐、网上办事等活动。全区村民万余人次接受计算机、网络等应用技能培训。村民还利用电脑、手机联网了解信息、从事经营活动、参与文化活动等。

社区网络　全区各街道办事处建立管理网格，实现社区与政府网联网，业务涵盖党务、政务、商务、民务等服务。2008年，全区城区实现网格化管理，将城市区域划分为若干个万米单元网格管理，实行数字化、精细化管理。居民可随意上网查询各种信息，也可以提出建议、诉求，这些建议、诉求通过网格可快速反应至网格化指挥中心，并得到及时处理。

教育网络　2000 年，开通“教育行政办公网”，有用户 1107 户，日访问量 2000 人次。至 2010 年，累计访问 500 万人次、上传文件 62 万个。2002 年，开通“海淀教育网”，面向学生、家长、教师、校长、居民等，开设栏目 400 多个，日均点击 2 万次，至 2010 年累计点击近亿次、上传文件 500 万个；开通“研修网”，日均点击 6153 次，至 2010 年累计点击 574.7 万次、上传文件 135 万个。

医疗卫生网络　2001 年起，区属各医院相继使用更新的医院信息系统（Hospital Informantion Syster，HIS），开通“电话预约挂号系统”，实现医务网络化。2004 年，区妇幼保健院研发使用“高危孕产妇管理系统”。2006—2010 年，建设区域性医学影像中心，海淀医院、上地医院等 10 家医院实现医学影像资源实时传送和共享；建设数字化健康社区，实现社区网站、名医谈百病、短信服务、医院管理、病历存档等数字化建设。

数字科技馆　2003 年起建设区数字科技馆，包含植物王国、趣味科学、动物世界、太空旅行、生命与健康、海洋探奇、火星探秘、动手拼装、迷你游戏等近百项科普内容。无暇外出旅游的上班族或幻想遨游太空的人们，可上网浏览数字科技馆，学习科技知识。区科技馆曾在全国科普展品博览会上连续三年获得金奖。

数字图书馆　2005 年，建立区数字图书馆网站，并与首都图书馆、北京区县图书馆联网。建立中文书目、中文期刊、地方文献、装饰艺术、旅游文化等数据库，实现资源共享。向读者发布出版社正版书籍信息，海淀区读者只要办理“一卡通”就可借阅各种书刊。

旅游网络　开通旅游网信息服务系统，在网上推介全区旅游资源，为游客提供吃、住、行、游、购、娱等服务信息。外地游客通过网络可充分了解海淀区景区景点及服务设施信息等。

数字环保　2008 年完成“数字环保”工程，实现全区环境监管信息网络化、数字化和可视化。至 2010 年，网上共受理环保审批项目 5000 余件，接待咨询 3 万余人次，网上审批效率较以往手工方式提高 40%。

电子政务监察　2009 年建成区电子政务监察平台，覆盖全区各行政单位，实施网上预警、督办、问责、考核等，形成立体监察网络。

网络与社会　网络走进千家万户，成为大众特别是青少年、中年人群和部分老年人时尚、便捷、廉价的交流工具和扩大视野、游戏、娱乐、交友的新渠道。人们通过注册博客、微博、QQ、信箱等方式，发表文章、参与评论、展示自我、披露问题、开展批评、转发文件，还可找工作、炒股、购物、聊天、交友、谈恋爱、玩游戏等，进而发展到老师给学生留作业、与家长联系交流，患者通过医院网站挂号、咨询，网上购买飞机票、火车票等。特别是20世纪90年代后期出现了网上购物，网购人群从年轻人开始，逐步发展到中老年人，大到家用电器，小到剪刀、纽扣，从各类居家用品到服装、鞋帽、食品、药品等，人们足不出户，打开电脑或手机，就可以买到全国甚至于国外的商品。一两天，最多不超过一周，快递就能把东西送到家，其间还可随时上网了解所购物品的物流状态。

移动互联网迅速发展之后，智能手机除通话、发短信外，还能提供移动条件下看书、看新闻、看电影、听歌、玩游戏、购物、打车、订票、订餐、支付款、查询各种信息等诸多功能。在公共场所、公交车、会议、马路等处，随处可见浏览手机的"低头族"。网络给人们带来的不仅是方便、快捷，也带来新生活、新享受、新愉悦。网络几乎无所不能，成为人们生活之必需。

网络语言 伴随网络的发展，出现一种新兴语言形式。其表述简洁、生动、形象，一经诞生，传播神速，深得网民喜爱，被称为"网络妙语"。起初主要是网友们为提高网聊速度或某种特定需要而使用，互相明白即可，后在不断使用中渐渐约定俗成，成为网络公共语言。其形式除汉字外，还有拼音，英文字母缩写，含有某种特定含义的数字、图形等。如"给力"，意为带劲、有帮助、有作用、给面子等；"灌水"，原指在论坛发表的没什么阅读价值的帖子，后人们将绝大多数发帖、回帖统称为灌水，不含贬义；"水手"，指喜欢灌水的人；"潜水"，指关注论坛，天天待在论坛里，但只看帖、不发帖的人；"拍砖"，指对某帖发表反对意见，含有攻击性；"粉丝"，Fans的音译，指迷恋、崇拜某人或某物的一类人；"小强"，来源自电影《唐伯虎点秋香》中的那只蟑螂，泛指生命力特别顽强的人；"小黑"，指被列入黑名单的人；"博客"，一种网上共享空间，博主以日记的方式在网上发表文章、图片，展现自己；"黑客"，又称骇客，指在电脑领域具有特殊才能，且运用这种才能和技巧，或专门检测系统漏洞，或做有违道德或法律的事的人；"闪客"，使用Flash软件做动画的人；"驴友"，泛指爱好旅游、常一起结伴出游的人；"顶"，意为同意、支持；"汗"，意为无语；"寒"，意为吃惊；"表"，意为不要；"囧"，"冏"的衍生字，本义为光明，据该字中"八"像眉眼、"口"像嘴的形状，被赋予了郁闷、尴尬、悲伤、无奈、困惑、无语等意，2008年后成为使用最频繁的表情符号；"菜鸟"，意为很差劲的新手；"恐龙"，意为丑女；“雷人”，本义指云层放电击倒人，网意指出人意料，令人格外震惊，有时也引申为事物的某些属性使人产生无限热爱的情况；“杯具”，“悲剧”的谐音，表示不如意、不顺心或失败，或委婉地对别人表示某方面的不满，含调侃意……这些网上特定语言已引起语言学界和社会关注，并推动其有选择地规范化。

网络的负面影响 网络在给人们带来方便、快捷获取信息的同时，也出现诸多负面影响，如网络诈骗层出不穷；网上赌博动辄几万人、几十万人参与；谣言制造者利用网络的便捷和无边界，给个人、社会和国家造成损害；部分年轻人特别是中小学生沉溺于网络游戏，耽误学习，伤害身体，父母们叫苦不迭等。这些问题已引起社会和政府的重视，并实施大力整治。

语　言

改革开放以来，海淀区的经济和社会一直处于跨越式发展态势。以中关村区域特点为代表，海淀成为国际、省际间人员、信息、科技、教育、商务、文化密集交流与汇集的地区。尽管普通话和规范汉字作为国家法定通用语言文字被普遍使用，但大规模、长时期的人口流动和不同形式的信息传递与交流，对语言运用及表达方式的影响也是不可避免。下文通过对北京市海淀区的观察，记述和探讨一下这些影响和变化。

伴随改革开放而来的外国语侵染　当然，所谓“外国语侵染”并非从今日开始，但随着国际间交流的扩大，人们在日常生活中发现，语言、文字交流中借用英语、法语、拉丁语等外国语词汇范围呈现日益扩大的趋势，除了英语教学空前普及的因素以外，另一个原因就是一些已经成为现代汉语词汇的音译和音意兼译的外来语，随着辖区内国际贸易与人员信息交流的空前增多，使用更加频繁和普遍。

较早成为现代汉语词汇的外来语，如巧克力（Chocolate）、苏打（Soda）、沙发（Sofa）、酒吧（Drink Bar）、沙龙（Salon）、啤酒（Beer）、芭蕾（法文 Ballet）、香槟（法文 Champagne）等继续使用，而且更普遍地出现在商务活动中。改革开放以来，一些舶来新事物进入社会生活，如迪厅（迪斯科舞厅，Disco）、保龄球（Bowling）、高尔夫球（Golf）、黑客（Hacker）、桑拿浴（芬兰文 Sauna）等，成为汉语新词汇。一些外来语和汉语并用的词汇，如大宝 SOD 蜜、卡拉 OK、KTV 包房等，开始在商品购销活动和生活中使用。

用于科学、医学、音乐等方面的专门英语词汇（或缩写），如 IT（英文 Information Technology 的缩写，信息技术）、WINDOWS（微软视窗）、FOXPRO（美国 Fox Software 公司的数据库产品）、AQI（英文 Air Quality Index 的缩写，空气质量指数）、CT（英文 Computed Tomography 的缩写，X 线计算机断层摄影）、VCD（英文 Video Compact Disc 的缩写，影音光碟）、DVD（英文 Digital Versatile

Disc 的缩写，数字多功能光盘存储器）、GTP（英文 General Data Transfer Platform 的缩写，通用数据传输平台）、WTO（英文 World Trade Organization 的缩写，世界贸易组织）、TQC（英文 Total Quality Control 的缩写，全面质量管理）、CPI（英文 Consumer Price Index 的缩写，消费物价指数）、CEO（英文 Chief Executive Officer 的缩写，首席执行官）、VIP（英文 Very Important Person 的缩写，重要人物、贵宾）等，均作为外文简称，现已基本上在口语和书面语中直接使用。

随着英语教育的普及和英语传媒的影响，英语常用生活词汇在诸多领域被使用，如见面打招呼用“嗨!”（英文 Hi，相当于“Hello”，你好），分手时习惯用“拜拜”或“Bye”（Good Bye）表示“再见”，用“No”表示不、没有。逐渐与传统的汉语“一、二、三、四……”“甲、乙、丙、丁……”等排序符号用“A、B、C、D……”表示排行并用。

奇异的中关村语言现象 在中关村科技园区的发祥地中关村地区和大学聚集的学院路，由于中外科技信息交流的需要，许多外来语，尤其是专业语句、术语、名词、人名在来不及确定汉语的明确、统一译法的时候，就直接使用外来语。于是，在高新技术企业、科研单位和大专院校的众多专业人群中，用夹杂着外来语句、词汇的语言交流和表述较为常见。

政府加大对外国、外地人才的引进，实行引进人才政策、支持创业政策和不限制户籍的就业政策，一些外省毕业的大学生们也喜欢到京城“闯荡江湖”“小试牛刀”，作为创业的第一步。1997 年 10 月北京市留学人员海淀创业园建立以后，海淀区同国外的科技信息、教研人员和学术交流活动与日俱增。园区留学归国人员到 2010 年达到 3552 人 ；外企、中外合资企业有许多派驻园区的外国人；海淀区 35 所高校和中小学不仅形成了浓郁的外语教学氛围，还会聚了许多外国留学生和外籍聘任教师。

如果再加上来到中关村地区打工的说话南腔北调的各省人员（2010 年海淀区流动人口达到 173 万人），我们就可以想象，这些中外来者操着异国语言、异域方言或带有浓重乡音的普通话，出入各类职场和社会生活中，在特定人群、特定场合，如政府会议、商业谈判、项目论证、学术交流、专业授课、中外人员交往等社会活动中，汉语普通话、各省方言、英语及其他外语词汇的混合语言汇聚一堂，该是多么神奇！人们称这种逐渐向日常生活中扩散的语言现象为“中关村语言现象”。外来人口的庞大基数，虽说不会对主流的普通话和北京话“伤筋动骨”，但对于人们的日常语言交流还是产生了某些影响。

“忽如一夜春风来”的网络语言 网络语言是伴随着互联网技术的发展和使用而兴起的有别于传统平面媒介的语言形式。互联网技术发展得太快了，网络语言从亿万名网民的遐想中喷涌而出，没有规则、没有制约，随心所欲，“忽如一夜春风来，千树万树梨花开”。海淀区作为中国 IT 产业的发源地和集聚地，也自然成为网络语言最兴盛的地区。

一般来说，网络语言包括拼音或者英文字母的缩写，含有某种特定意义的数字以及形象生动的网络动画和图片。起初主要是为了提高网上聊天的效率或因某种特定的需要而采取的方式，久而久之约定俗成，就形成了网络语言。

网络语言可分为不同类型：

符号型——在电脑上输入文字时，使用某种符号来表意，如：：)（微笑的象形）、：D（大笑的象形）、：C（撇嘴的象形）等；以简单符号表示某种特定表情或文字，如“- -”表示无语，“O.O”表示惊讶，“T T”表示流泪，“=”表示等，“o”表示哦，“**”表示不雅语言。

数字型——用数字的谐音表意。例如“55”（呜呜的谐音，表示哭泣）、“88”（音为拜拜，英语单词 Bye-bye 的谐音）、“520”（我爱你的谐音）、“V587”（威武、霸气的谐音）等等。

字母型——运用字母表情达意。用英文缩写的，如 BBS（电子公告牌系统）、BF（Boy friend 的缩写，男朋友），用汉语拼音缩写的 PP（漂漂亮亮的意思）、JS（奸商）、BT（变态）、GG（哥哥）、PLMM（漂亮妹妹）、PMP（拍马屁），小 P 孩（年轻人）等。

翻译型——如伊妹儿（E-mail，电子邮件）、瘟都死（Windows，视窗），荡（Download，下载）、粉丝（英文 Fans，狂热者）等。

新造型——借义倾向的词汇，如拍砖（发表不同见解）、造砖（认真、精心地写）、美眉（妹妹、美女）、写手（网络文学作者）、见光死（比喻幻想与现实有较大差距）、酱紫（“这样子”的连读）、酿紫（“那样子”的连读）、顶（同意）、点赞（赞成和支持）、汗（无语）、打酱油（什么都不知道，相当于“路过”）等。

网络语言的表意更偏向口语化、通俗化、形象化、事件化、时事化和幽默感，使用范围由网络人群向手机用户和日常口语扩散。聊天室里出现的美眉、霉女、青蛙、菌男等，BBS（电子公告栏）帖子里的隔壁、楼上、楼下、楼主、菜鸟、潜水、灌水等词汇，QQ 聊天中的挥手代表再见、冒气的杯子表示喝茶等图标，逐渐被更多的人理解和使用。

2010年11月10日，网络语“给力”一词登上《人民日报》头版头条，成为网络语言被认可的大事件。之后少量网络词语被词典收录。出身网络语言的“点赞”一词，现在被普遍使用，竟有让“赞扬”“称赞”等老词汇退避三舍之势。

“无心插柳柳成荫”的传媒方言 流动人口讲的方言或带有方言语音语调的普通话，媒体的采访、录音、录像中出现的方言，影视作品中因表演与刻画人物所需要讲的方言，并非在刻意传播和推广某种方言，但“无心插柳柳成荫”，在不经意中对人们日常口语产生了不同程度的影响。有时，人们会故意借用方言风趣、俏皮的语句、语调和发音，在对话中增加幽默感和感染力。

20世纪90年代以来，到海淀来的广东、香港、台湾人士增多，反映广东省改革开放前沿的影视剧也比较多。现实中和影视剧中的广东人往往操着方言的语音、语调生硬地讲着普通话，引起人们的新奇感，人们常常在特定的对话环节加进学来的广东话以示风趣、俏皮。一些港台引进的词汇，如“哇噻”（在国内大多代表惊喜、惊讶）则成为许多年轻人经常使用的口语。

一个时期内，借助于电影和中央电视台的春节联欢晚会，操着方言的地方演员登上银幕、屏幕，方言的感染力也搅动了人们日常语言的表达。电影《秋菊打官司》《老腔》中极具地方特色的陕西话对白和关中语言风格，黄宏、宋丹丹、赵本山、小沈阳等演员的喜剧小品和东北题材电影、电视剧中的东北话台词，以其豪放、泼辣、深沉、诙谐、幽默、新奇的多种语调风格和渲染张力，引起人们的兴趣。人们通过学说经典台词、段子和个别方言语汇，强化自己的语言表现力和幽默感，使日常口语出现局部、细微的变化。如说“最好”时，说成“贼好”；恭敬地请人喝一杯酒时，以实在代客套、以粗代细地说成“整一个”，“整”这个动词是东北话中的“万能词”，运用比较广泛，如“整事儿”（拨弄是非）、“整点儿”（在不同场合都可以运用，如表示吃点儿、要点儿、做点儿等），为日常中的常用词。小品中的“太有才了”（小品《策划》中宋丹丹的台词）、“真没有”（小品《不差钱》中小沈阳的台词）、“忽悠”（小品《卖拐》《卖车》中赵本山的台词）等词，成为人们日常的幽默口语。

由传递到固化的市场词汇和新闻用语 商务、媒体用语传递性比较深广，对社会生活和人们的语言习惯有许多影响。

随着与港澳台地区在商务、文化等方面交流的增多，往往直接引入了当地翻译的外来语词汇，如休闲、连锁、发屋、度假村、势态、理念、传媒、物业、公益广告等；吸收了许多港台方言的词汇，如生猛海鲜、巨无霸、跳楼价等；

许多与原有词汇有别的一些词汇，如资讯（信息）、管道（渠道、通道）、货柜（集装箱）、买（埋）单（付钱）等，渐渐普遍地使用起来。

改革开放较早的广东，其方言被用于商品贸易中，于是“煲”“靓”等文字出现在商品名称及其广告中。

用日语中的汉字直接写出的词，如料理、俱乐部（日语对英文 Club 的音译）、玄关、观光等；用音译或音译意译并用的方式造出的词汇，如拷贝（复制）、巴士（公共汽车）、芝士（奶酪）、香波（洗发水）等，早已流入商业活动、广告和媒体用语中，越来越普遍地被使用起来，有的已经成为普通话中的新词。

好的用语规范、准确、优美，渐渐成为 20 世纪 90 年代以来新的词汇和人们的口语。但编造模糊语言、网络语言，滥用专业术语、方言以及在大众媒体上传播不规范的文字、语音和背离语法规则的语句，不仅背离、冲击了人们的语言习惯，对语言文字规范和普通话的推广也产生了消极影响。

自然传承与缓慢变化的方言土语 方言土语研究是语言学中不可分割的一部分。北京建都数百年，各地移居来京的官民、往来商旅等所使用的方言土语留在北京，与当地方言融合，共同积淀了北京地区极其丰富的方言土语。一般的方言大都在当地流行，而北京话却可通行中国，各个地方的人基本都能听得懂。北京话去掉“京味儿”，就成了普通话。比方说，把“今儿个天儿不赖”改说成“今天天气不错”就成了普通话，可“京味儿”就没了。北京话接近普通话，但并不等同于普通话，是北京方言。

海淀区的方言土语在长期的人口流动和民族融合中形成，融合了当地、老北京城、昌平方言和河北、山东等地移民以及满族的土语、口语。方言土语在海淀的使用，按区域说，山前城区（城区街道、东升、四季青、玉渊潭、海淀）日趋少于山后农村（西北旺、温泉、苏家坨、上庄）；按使用人群说，中青年日趋少于老年人。由于普通话的推广和普及，特别是官方主流媒体和影视作品使用普通话，学校使用普通话教学（教师经普通话测试达标后方可持证上岗），许多中青年人认为说方言土语“不雅”“土气”，选择在公共场合和郑重的讲话中不说、少说或有选择地说方言土语；所讲普通话，语调还是保留了北京话（所谓“北京官话”“京腔”“京味儿”）的主要特点。

方言土语虽有点儿“土”气，但却保留着原始、鲜活、浓郁的生活气息，人们因其表意生动而习惯性地使用着。如北京话中的麻溜儿（动作快）、歇菜（完了，不好了）、底儿掉（非常彻底）、点儿背（运气不好）、逗闷子（寻开心、开玩笑)、颠儿(逃跑、走了)、念想儿(想念、纪念)、打磕巴儿(优柔寡断或说话含糊)等。而有一些老土话,不仅“土”,且不雅,抑或人们不知道其身世何来,过于生僻,以致不解其意,就渐渐用得少了。像半彪子(不庄重、好开玩笑的人)、却混儿(对外地农民的贬称)、逗秧子(斗嘴)、“吃不了,喝不了”(“了”读 liāo)等,大多只在市井、乡间和家庭生活中,特别是中老年人群中使用。

方言的原生态延续是相对的,依时因势演变却是绝对的。外来语言的使用丰富了我们的语言环境,“京味儿”方言从语式、语调、语汇到使用则无可奈何地面临着缓慢演变,一些还顽强地存在着,一些则获得了新生,一些将会渐渐消亡……

空 巢

“空巢”特指家里只留下老年父母的家庭，也包括无子女家庭。海淀区“空巢”家庭持续增长，2004 年有“空巢”老人 3.5 万人，占 60 岁以上老年人总数的 13%；2010 年有“空巢”老人 6.5 万人，占 60 岁以上老年人总数的 17.5%。

空巢家庭成因 一是改革开放后，经济、社会快速发展，改变了传统居家观念。几千年来“四世同堂”“子孙绕膝”的传统家庭模式逐渐改变。子女与父母在观念上、生活习惯上的差异越来越大，于是各自需要独立的活动空间和更多自由，不再愿同住。加之近年来城市居住条件显著改善，越来越多的子女搬离父母家迁入新居，老年人也不愿离开熟悉的居住环境和街坊邻居，传统的大家庭共居方式逐渐改变。即使子女不放心老人，希望和老人住在一起，但老人觉得只要自己生活还能自理，就还是选择分开住，感觉自由、舒服、没矛盾，遂导致“空巢”家庭产生。二是国家实行独生子女政策后，独生子女家庭十分普遍。特别是在城市，当唯一的子女外出就读、就业或成家后，原有的家庭即陷入“空巢”。海淀区“空巢”家庭尤多，原因是高校和科研院所密集，知识分子多，知识分子家庭子女本来就少，而其子女出国留学或在国外工作者又多，其中相当一部分留居国外，国内只剩下父母。如中关村、学院路等地区，“空巢”家庭比比皆是。三是人口流动性因素。改革开放后，人们的生活范围已不局限于一城、一镇、一村。不但城市青年离家寻求更好的发展机会，农村青年外出打工的也不断增多，越来越多的青壮年离家半径不断扩大，业缘关系强化，家庭关系淡化，导致老人“空巢”而居者渐多。四是随着社会生活和医疗卫生水平的提高，老年人口寿命延长，社会老龄化加快。2000 年，海淀区常住人口中 65 岁及以上人口为 16.21 万人，占总人口的 7.24%；2010 年为 27.5 万人，占总人口的 8.4%。按照国际通行的“65 岁及以上人口达到人口总数的 7%，即意味着这个国家或地区进入老龄化社会”标准，早在 2000 年时，海淀区就已进入老龄化社会。

“空巢”老人面临的问题 一是经济保障问题。相对在职时，老年人收入下降，来源单一。在老年人月消费支出中，生活费用支出占收入的一半，其次为医药费支出。总的看，海淀区“空巢”老人收入和支出大体相当，略有盈余，基本能保证日常生活开销，但仍有约10%的“空巢”老人存在经济困难的情况，主要为女性、农村、独居的“空巢”老人。城区“空巢”老人中90%的收入来源为离退休金，而农村仅约10%的“空巢”老人有退休金，其养老以子女赡养为主，不足以应付可能存在的养老风险。二是安全保障问题。老年人体力下降，思维能力退化，容易受骗、受侵害。老人也不敢出门，怕一出门，找不到回家的路。社会上一些不良商家专门盯着老年群体，卖保健药，骗老人钱。三是医疗保障问题。海淀区“空巢”老年人中，生活能自理的约占85%，患慢性病者较多，约占70%。其突出问题是看病难，主要是医药费自费部分较高、老人行动不便、手续烦琐，为老年人提供医疗服务的机制尚不完善。“空巢”老人普遍认为需要保证“老年人看病优先”、增设看病点和专家门诊、开设家庭病床、提供送医送药上门服务等。老人们在社区医疗机构就诊率不高，原因是不信任其服务质量。四是精神空虚问题。子女不在身边，老人易变得孤独、寂寞、焦虑、自我封闭，独居老人尤其如此。他们的孤独感明显高于非“空巢”老年人和“空巢”夫妇户老年人。“空巢”老人普遍有融入社会、回报社会，使生活更充实、更有意义的愿望。五是生活照料问题。“空巢”老人的照料主要靠配偶或保姆，而独居老人照料问题更加突出。他们对社区服务的需求明显高于非“空巢”老年人，特别是对上门看病、做家务、聊天解闷等入户服务的需求强烈。六是合法权益保障问题。其多为经济、房产、赡养等家庭纠纷。空巢老人对自身合法权益的日渐重视，既反映出老人自我保护意识的增强，也反映出社会变迁中老年人承受的社会压力越来越大。若缺少子女和社会的足够支持，其合法权益则难以保障。

为缓解“空巢”家庭问题，海淀区做出种种努力。如构筑亲属、社区、社会团体、政府四位一体的“空巢”老人帮扶网络；建立社区“空巢”老人子女联系制度，由专人及时向老人子女或亲属通报老人情况，敦促子女履行义务；落实“空巢”老人包户帮扶制度；与老人所在地区的商店、医疗卫生等服务单位建立联系；为“空巢”老人定制“安全提示便民服务卡”；为80岁以上生活困难的“空巢老人”发放救济金；为“空巢”老人家庭安装紧急医疗救援呼叫器或应急求助门铃；医院设老年窗口；全区建立社区为老服务志愿队2125支，为“空巢”老人提供法律咨询、订奶、送报、理发、购物、修理、换煤气、保洁、测血压、买药送药、服装加工、陪聊等服务；以“星光计划”为载体，兴办社区为老服务事业，为老人提供医疗、健身、文体、娱乐等服务；发展敬老院和老年公寓，至 2010 年，全区养老机构增至 30 个。

豢养宠物

新中国成立以前，广大人民群众虽然生活困苦，但在中国各地域仍普遍存在着养狗养猫习俗。狗因为能看家护院、看守庄稼畜牧、帮助狩猎以及通人性、忠诚、护主、不离不弃等特点而被驯养，猫被驯养最早主要是因其能抓老鼠。而富裕人家有豢养名贵犬、猫和鸟等各类宠物的习惯。新中国成立后，国家经济迅速恢复，人民生活得到改善和提高，各种宠物也逐渐进入普通百姓家。人们对豢养宠物存在各种不同的认识，但多数人认为不管豢养哪类宠物，都属于资产阶级的生活方式，社会也不提倡豢养宠物，豢养宠物受到鄙视、批判。

改革开放初期，养宠物的人家逐渐多起来。但因养宠物影响环境卫生，还是会受到限制。1982 年，北京市规定“八不养”，鸡鸭鹅鸽兔羊猪狗在列，但不限制养猫。其中，宠物犬因豢养数量多，易发生宠物犬咬人伤人的情况，进而引发矛盾，因此一些大中城市的地方政府作出禁养或限养宠物犬的规定。北京市当时不允许豢养宠物犬，各公安分局设立打狗办，一经发现就立即派人上门收缴，加之当时人们生活并不富裕，所以养宠物狗的人不多。

随着改革开放，经济高速发展，人们生活水平有了很大提高，思想也得到解放，生活方式多元化，人与自然的关系也不断得到协调和包容，加之社会竞争加剧，人们生活压力大，促使豢养宠物的人群不断增大。近些年，豢养宠物犬、猫逐渐成为大中城市人们寻求精神安慰和生活寄托的方式之一，人们的生活内容更加丰富多彩。

现在人们养宠物相当普遍。有人为了经济利益，豢养宠物以赚钱，但绝大多数人养宠物是因其有玩赏、陪伴、舒缓精神压力等作用。因此豢养宠物的种类日趋繁杂，如宠物犬类有京巴、博美、哈士奇、松狮、牧羊犬和中国各省区的多种本地犬；宠物猫类有波斯猫、狸花猫、豹猫、暹罗猫、英美短毛猫等品种猫；啮齿类动物有小白鼠、金花鼠、松鼠、布丁仓鼠、大耳白兔、海棠兔等；爬行类有蜥蜴、赤练蛇、金钱龟、中华草龟、玳瑁等；鸟类有信鸽、画眉、八哥、虎皮鹦鹉、金雀、百灵等；鱼类有金鱼、锦鲤、银龙鱼、孔雀鱼和热带鱼等；昆虫类有蟋蟀、蝈蝈等；还有另类宠物如大耳狐、宠物猪、刺猬等。除了动物宠物，还有植物宠物，如兰花、君子兰、文竹、绿萝、金钱木等。现在随着互联网的发展，还出现了虚拟“网络宠物”，如一些年轻人登录 QQ 宠物网领养“企鹅”等各种“网络宠物”。

20 世纪 90 年代后，海淀区居民豢养宠物犬、猫等各类宠物逐年增多。其特点，一是豢养宠物种类多，有各种犬类、猫类、鸟类、鱼类、爬行类等；二是豢养宠物人群众多，有工人、农民、知识分子、企业家等；三是年轻“宅男宅女”们上网“领养”虚拟的“猪猪”“企鹅”等“网络宠物”。居民豢养宠物的多样性，体现出人们兴趣爱好的自由性和社会的包容性，政府一般不加干涉。但养宠物犬因数量大，且养犬人每天都要遛犬，致使人与犬之间、邻里之间、犬与社会环境之间的矛盾时有发生，已涉及社会生活与公共秩序。为保障公民健康和人身安全，维护市容环境和公共秩序，1994 年，北京市人大常委会结合北京市实际情况，制定《北京市严格限制养犬的规定》，要求养犬人必须到公安机关的主管部门登记注册，领取宠物证明。第一次登记收费 5000 元，以后每年收注册费 2000 元。2003 年 9 月，北京市人大常委会又重新制定《北京市养犬管理规定》，对养犬人的条件、义务和权利，办理养犬的程序和主管部门、收费标准及管理职责作出明确规定。明确公安机关全面负责养犬管理工作。海淀公安分局设立“养犬管理办公室”，各派出所也设有管理人员，负责对符合规定的宠物犬进行登记造册并发给犬牌，注射狂犬疫苗。第一年注册登记收费 1000 元，以后每年年检收费 500 元，并负责对违反养犬规定的宠物犬进行收缴。1996 年，海淀区注册登记的宠物犬有 13282 只，2007 年有 66299 只，到 2010 年有 81167 只，15 年增长 6 倍多。

过去人们认为养宠物是玩物丧志，“提笼架鸟”是少数有钱、有闲人的象征。而今豢养宠物犬，对于婚后不要孩子的“丁克”家庭、失偶的中年老年人、独生子女家庭中的老人等来说，已经成为他们除衣食住行之外的重要精神需求。他们俨然把宠物犬当自己的孩子喂养和照护，视宠物犬、猫为家庭中的成员，亲昵地称宠物犬为“儿子”“闺女”。他们和宠物犬一起生活、交流，既丰富了日常的精神生活，不再感到寂寞和孤独，也密切了家庭成员之间的关系。由于养犬人每天都要遛犬，并和宠物犬一起运动，既增强了他们的爱心，也提高了他们的生活能力，对降低血压和胆固醇含量也起到一定作用，这也引起人们对利用宠物治疗心理和生理疾病的关注。

随着中国人口结构的变化，“空巢”老人、“丁克”家庭增多，豢养宠物犬、猫的人群也在不断扩大。据2017年《中国宠物行业白皮书》显示：全国豢养宠物犬、猫近9亿只；用于宠物的商品和服务消费达到1390亿元。随着各类动物宠物的大量存在，尤其围绕宠物犬、猫等各类动物宠物的衣、食、住、行、医疗、训练和交易的消费、服务产业随之出现并快速发展，销售宠物用的各类商品的专卖店和宠物医院也相继产生，逐渐形成了庞大的宠物市场。过去宠物犬、猫一般都是吃剩饭剩菜，如今都食用含有各种营养成分和维生素的宠物粮食，每月需消费几百元，甚至还出现了专门为宠物服务的餐饮店。据《2019年中国宠物行业白皮书》显示：为解决“携宠物出行难”的困扰，宠物友好概念餐厅应运而生，星巴克宠物友好店已在多个城市设立，店内设计了易清洁、防抓挠的材料，座位靠近地面的地方还有牵引绳和挂钩。在北京有多家The Rug餐厅，有的店不仅可以带宠物一起用餐，还专门制定有宠物菜单。由于人们将宠物犬、猫视为“孩子”养护，“拟人化”宠物的个性化消费迅速发展，出现了宠物用品专卖店，出售专供各类宠物的食品、服装、鞋子、玩具以及各种饰品和洗护、美容用品等。据统计，至2010年海淀区已有丰盛宠物用品店、艾威宠物用品商店、爱我爱宠物用品店、伊甸宠物店等20余家。此后又出现了网络销售宠物用品及快递业务的便捷服务。

随着生活水平的提高和交通条件的持续改善，旅游或外出商务的人数增多。这些人养的宠物犬、猫在家中无人照护，随之又催生了专门为宠物服务的寄养所，寄养费用每天需要几十至上百元。随着宠物犬不断进入家庭，也给社会生活和环境带来各种问题与矛盾，如宠物犬随地随时大小便、咬伤人等，这就需要对犬只进行训练，因而又催生了宠物学校。宠物学校训练宠物犬的居家礼仪，良好的生活习惯和运动、看护等专业技能。海淀区上地、五道口等地相继出现了寄养、训练宠物犬的场所。也有人聘请宠物培训师到家里对宠物犬一对一上课训练。由于豢养宠物犬的人数增多，宠物犬的需求增大，宠物犬除可在宠物市场、专卖店进行交易外，互联网上也建起专门销售宠物的平台，使宠物交易渠道更加多元和便捷。

豢养的各类动物宠物也有生、老、病、死的过程。以宠物犬、猫为例，1996年前，宠物犬、猫的数量少，宠物犬、猫患病时就到兽医院去治疗，或到普通医院买药医治。随着宠物犬、猫的大量增加，专门治疗宠物疾病的医院也相继出现。至2010年，海淀区有北京康宝动物医院、北京爱维动物诊所、北京博爱动物医院、中国农业大学动物医院等 15 家宠物医院。宠物犬患病每次治疗费一般也需要几百元。宠物犬、猫死亡后，过去一般是找个地方掩埋，现在也有专门收葬宠物犬、猫的墓地。

随着生活条件和环境的改变，一些居民将所养的宠物犬、猫丢弃，随即在一些地区出现流浪犬、猫。这引起一些爱心人士的关注。他们自己掏钱购买宠物粮食，每天定时投喂流浪犬、猫，日复一日，年复一年，从不间断，成为一道爱心风景，既彰显了人性的善良，也是中国宠物文化的一种显现。

随着宠物行业的形成和发展，为宠物行业服务的产业链迅速扩大。为保障宠物行业公平竞争和健康有序发展，在北京市农委、北京市公安局犬管办的支持下，经北京市社会团体管理局批准，北京市成立非营利性社会组织——中国宠物行业协会。协会成员有国有企业、民营企业、合资企业等 176 家。协会旨在促进行业交流与合作，保证行业公平竞争，规范行业行为，推动行业发展，协助政府进行行业管理。协会业务涉及宣传贯彻养犬（养宠）的法律、法规，开展国际、国内交流，举办各级各类宠物评比，在行业发展中发挥管理、监督、服务、维权等指导作用。除北京外，上海、重庆、广州、厦门等地也相继成立宠物行业协会。宠物协会的建立和发展，既对中国宠物行业的健康发展起着重要的保障作用，也丰富了中国宠物文化的内涵。

中国宠物行业的快速发展，也催生了中国宠物文化节。宠物文化节旨在倡导关爱宠物、科学养宠。从 2014 年开始，在中国华北、华南、华中等 8 个城市先后举办宠物文化节 20 场，有 200 多家宠物商家参展。2019 年，中国宠物文化节开始围绕宠物健康主题传播宠物文化。长春宠物文化节的主题是“关爱动物健康与福祉”；大连宠物文化节举办爱宠之间的各种竞技赛事；北京宠物文化节打造全新跨界宠物新文化活动；南京宠物文化节联合萌宠粉丝嘉年华活动，打造萌宠狂欢大派对。近年来又有一些人利用互联网平台“晒宠”，宣传善待动物。这些活动，既体现了中国宠物文化的发展、变化和创新，也体现出人们物质、文化生活的丰富多彩和精神文明的不断提高。

海淀史话

海淀区创建文明居民区的早期阶段

艾春吉

海淀区开展创建“文明居民区”“文明社区”活动的由来，值得追述，很有意义。

社区是社会生活的共同体。创建文明居民区活动，同居民改善生活环境、完善生活服务、提高生活质量的愿望息息相关，受到居民的欢迎。作为群众性精神文明创建活动的重要组成部分，最能体现“以人为本，重在建设”的方针和“虚功实做”的要求。精神文明创建活动产生于群众，开展于基层，扩展于广大城乡，是物质文明和精神文明建设的有机结合与具体化，是群众自觉参加社会建设的创举。发展到今天，内容愈加丰富，体系愈加完善，它包括创建文明城市（城区）、创建文明村镇、创建文明行业三个活动体系。而创建文明居民区，以至演进到今天的创建文明街道、文明社区等活动，就是以提高市民文明素质和城市文明程度为目标的创建文明城市（城区）活动的重要内容之一。

亚运会催生创建文明居民区活动

海淀区创建文明居民区的活动始于 1989 年。起因有两个：一是 20 世纪 80 年代海淀区兴建一批成片的楼房居民区，居住人口一下子增加并集中起来，如何解决小区环境建设、秩序管理、生活服务等方面的问题被提出；二是 1990 年在北京召开亚洲运动会，为迎接亚运会，环境整治工作从街面市容延伸到小街巷、居民区，建立怎样的环境整治长效机制也被提上日程。

怎么动员居民配合政府的工作，按照什么标准来整治呢？相关单位和部门展开调研。当时，北太平庄街道经过仔细研究，决定采用“创建文明居民区”的方式，探索居民区整治工作的新路子。他们首先选择蓟门里小区作试点，以便取得经验，再行推广。蓟门里小区有5个产权单位，街道对居民委员会垂直管理，小区管理呈现条、块交叉的特点。经过协商，决定构建由街道指导、政府有关职能部门支持、居委会组织、居民广泛参与的工作机制，既有集中统一领导，又有各部门协调配合行动。根据市、区迎接亚运会对环境整治的要求，以环境整治为主要内容，制定创建文明居民区活动的工作任务、目标和标准。

创建文明居民区活动开展起来以后，蓟门里小区环境面貌和管理秩序发生可喜的变化，小区环境、秩序、服务都焕然一新，解决了居民生活中的许多困难。创建活动得到了居民的支持和一致好评，也使区政府找到了迎接亚运会整治居民区环境的好的方式与载体，开阔了工作思路。1990年初，区政府决定把蓟门里小区创建文明居民区活动的经验推广到全区，把创建文明居民区工作列为1990年全区街道工作的重点之一。3月14日，召开全区街道工作会议，要求各街道在以前创建“文明居委会”“文明楼院”和“五好家庭”的基础上，结合迎亚运，开展创建文明居民区活动，每个街道至少建成一个文明居民区，并制定统一的《海淀区文明居民区标准》。从此，群众性的创建文明居民区活动在全区各街道广泛开展起来，同时也极大地促进了全区迎亚运整治居民区环境的工作。

1990年9月4日，区政府在蓟门里小区召开文明居民区命名大会，向经检查验收达标的蓟门里小区等12个文明居民区颁发“文明居民区”铜匾。遴选6个街道办事处在会上介绍创建经验，包括北太平庄街道的“从治安入手搞好综合治理”、万寿路街道的“选好突破口治理脏乱差”、羊坊店街道的“发展社区服务促进文明建设”、青龙桥街道的“动员居民群众充分发挥‘三自’作用”、北下关街道的“依靠机关单位建好大院生活区”和海淀街道的“共同创建共同管理”。到年底，全区共创建16个文明居民区。

创建活动演进成一个工作体系

海淀区创建文明居民区的经验受到市委、市政府的高度重视。市有关领导认为，海淀区创建文明居民区的经验，不仅有力地推动了迎亚运整治居民区环境的工作，而且为今后全市城区居民住宅小区的管理、建设和服务找到了新的工作机制。1991年4月13日，首都精神文明建设领导小组在海淀区召开北京市创建文明居民区现场经验交流会，时任市委常委、宣传部部长李志坚，副市长何鲁丽，市长助理李润五等领导出席会议。他们对海淀区创建文明居民区的创造性工作给予充分的肯定。自此，群众性的创建文明居民区活动在全市各区县的城区开展起来。

1992 年，蓟门里小区、芙蓉里小区被命名为“首都文明居民区”，成为海淀区首批进入北京市创建文明居民区先进行列的小区。

从 1989 年起开展起来的创建文明居民区活动，经过逐年完善，到 21 世纪初，形成了多级创建、长期坚持、逐渐扩展、动态评估、不断创新的工作体系，其演进特点可概括为：

三级协调，有序组织。基层自发的创建活动演变成区委、区政府领导（通过区精神文明建设委员会）、街道主导、居（家）委会组织（吸收产权单位或物业公司支持、群众参与）的有计划、有目标、有组织、有措施的创建活动。

衍生细化，分级创建。街道组织的“文明居民区”一级创建衍生出“文明居（家）委会”“文明安全居（家）委会”“文明楼院”“文明大院”等形式，并逐渐发展为创建区级、首都（市）两级“文明居民区”“文明居（家）委会”“文明安全居（家）委会”和争创“全国创建文明城市活动示范点”等不同层级。随着 2001 年以后全市居民区逐步划分为社区并成立新的居民自治组织——社区居民委员会，创建和评比“文明居民区”改为创建和评比“文明社区”。

层级管理，分别命名。创建工作由文明办按简易标准进行一般性指导、检查、评定，演变到由区文明委领导（区党政主管领导）或区文明办领导带队，吸收相关委办局部门、单位负责人组成联合检查组，按综合指标体系对创建成果进行量化评分，经区文明委全会审批、命名；申报创建“首都文明居民区”的检查评定，由首都文明委（办）负责。许多街道办事处还创造性地评比、命名街道级的“文明楼”“文明大院”等。

虚实结合，以奖代补。创建的激励机制由命名、表彰、挂牌演变到增加“以奖代补”的资金支持，并在财政预算中逐年有所增加。到 2002 年，全区用于创建文明居民区（社区）的区级奖补经费已超过 300 万元，这在当时已是不小的数额，之后又逐年递增。“以奖代补”的重点是首次成功创建的文明居民区（社区）。

资源整合，区域共建。文明居民区（社区）的创建模式，由居委会一家组织唱“独角戏”搞创建，演变到组织小区内各单位协作，整合并发挥小区内人才、单位、物资、资金的资源优势，开展合作共建。整合后，十分可喜的现象出现了，一些产权单位由“躲”到支持、参与；物业公司由与居委会争管理权到与居委会协作创建文明居民区（社区），并把挂上“文明居民区（社区）”标牌作为强化物业营销品牌的重要因素。

好机制带来好风气

创建文明居民区（社区）的工作机制随着创建工作的不断推进和城市管理体制的变化而不断丰富和成熟。

2000年北京市城市管理工作会议以前，创建活动的工作机制和方法主要有以下几个特点：

一是以“四优一好”为创建标准进行考核。文明居民区创建标准由最初侧重环境整治、生活服务的简易标准演变为包括计划组织、制度机制、宣传教育、道德风气、服务解困、环境建管、依法治理等多项内容的综合标准体系，明确创建文明居民区的必备条件和评定否决条件，其核心内容概括为“四优一好”，即“优美环境、优良秩序、优质服务、优化管理，社会风气良好”，体现了精神文明建设“以人为本，重在建设”的方针。由区精神文明建设委员会责成文明办组成一个有相关职能部门参加的文明居民区检查验收组，每年对申报创建文明居民区的活动全过程进行指导，按创建标准进行检查考核，考核项目包括管理制度（7项）、社会风气（7项）、环境（14项）、居民生活（5项）、社会秩序（9项），共5大类42项，是“四优一好”的具体化。创建文明居民区活动的切入点和突破口是小区环境与秩序的建设及管理工作的优化，通过绿化美化、清理违章、环境保洁、管存车辆，先使小区面貌焕然一新。居民看到创建文明居民区切实改变了自己的居住环境，就有了拥护、支持、参与创建的积极性，并自我约束，改变不良生活习惯和影响良好秩序的行为。在此基础上，居民区开展便民优质服务，通过小区文明市民学校这个居民自我教育的载体进行道德文明教育，组织群众性寓教于乐的文体活动，形成了浓郁的创建氛围，推动了小区风气的转变，小区相关管理制度也能做到令行禁止。居民把创建文明居民区作为一种期盼、要求，作为衡量街道、居（家）委会、产权单位、物业公司工作的标准，也作为自己提高素质、参与管理、建设美好家园的好事来做。街道办事处、居（家）委会、产权单位、物业公司都关注创建文明居民区这件事，在街道办事处之间，在产权单位、物业公司之间，在居（家）委会之间，有一种比的劲头，因为它关系到工作业绩、居民口碑、社会形象和市场竞争力。

二是合纵连横建立创建主体。所谓“合纵”，就是纵向形成街道组织指导居（家）委会、产权单位协调物业公司，实行上下联动开展创建活动；所谓“连横”，就是街道和产权单位作为规划、资金投入和组织领导的主体，居（家）委会和物业公司作为抓创建、干实事的主体，在两个层级横向配合联动。海淀区居民区大体划分为两类：一类是由不同产权单位和来自不同单位的居民构成的社会小区；一类是由一个产权单位或一个物业公司管理的“大院”小区。在社会小区搞创建，街道办事处和居委会需要承担起协调各单位的责任；在“大院”小区或实行物业管理的小区（那时物业管理还不普遍），则主要是在街道办事处的协调下，由产权单位或物业公司独立组织居民开展创建活动。对居民区，由有直接管理责任的“两级四方”组建两个层级的创建协调领导小组，真抓实干，开展工作。创建文明居民区的硬件建设需要经费支持，为此，区政府建立资金奖励机制，即“以奖代补”，在创建资金比较困难的社会小区，采取“区里奖一点，街道给一点，居住单位出一点”的方式筹集资金。如中关村街道科馨园小区的各居住单位共集资 80 多万元用于文明居民区建设，双榆树街道 1999 年拿出 280 万元投入文明居民区创建，其他街道每年投入 50 万 ~100 万元创建 1~2 个文明居民区。“大院”小区则主要由产权单位（或物业公司）出资。许多驻区单位都有自己的“大院”居民区、物业管理部门和家委会，他们把创建文明居民区看成“两个文明建设一起抓”、密切党群关系、关心群众生活、调动职工积极性和物业管理达标的应有内容予以高度重视。中央党校 1999 年投入 900 多万元创建环境优美、治安良好、生活方便的文明小区。北方交大两年投入 180 万元改变学校住宅区脏乱面貌。由于有创建意识强和资金投入的优势，“大院”文明居民区比例达到全区创建总数的 70%。

三是建立统一的文明居民区创建标准。随着群众性创建文明居民区活动的普遍开展，在创建区县级文明居民区之后，适时制定“首都文明居民区”创建、评选、命名、奖励的标准被提到议事日程上来。同时，各区县制定区县级文明居民区的标准和办法，也需要市里提供更完善的参照标准。这样，1993 年首都精神文明建设领导小组印发《文明居民区建设管理办法》。1997 年 10 月，为落实中共十四届六中全会“要以提高市民素质和城市文明程度为目标，开展创建文明城市活动”和中共十五大“要深入持久地开展群众性精神文明创建活动”的精神以及市委、市政府《1996—2000 年首都文明城市建设规划》的要求，首都文明委在总结经验、广泛征求意见的基础上，重新制定《文明居民区建设管理办法》，新办法在“管理制度完善”“社会风气良好”“环境整洁优美”“居民生活方便”4 个方面标准更高，内容更细、考核更严。2000 年以后，为了体现群众在创建中的主体性，动员居民广泛参与、监督创建工作，确保创建活动扎扎实实开展，区文明办明确了各类创建活动的工作流程，并在全区实行创建公示制度。一旦启动文明居民区创建工作，须将创建标准连同实现目标、工作措施、责任分工和举报电话向居民公示。2000 年 11 月中共中央办公厅、国务院办公厅转发《民政部关于在全国推进城市社区建设的意见》以后，居民区重组改制为社区，创建“文明居民区”改为创建“文明社区”。首都文明办重新制定包括“首都文明社区”创建、管理标准在内的一系列新标准。区文明办重新编制《海淀区精神文明创建工作指南》。这是一本一直发到基层，包括组织领导、宣传指导、检查验收、项目标准、活动流程、工作措施等系列内容的工作指导书，推动了创建活动的规范化发展。

四是探索创建特色文明社区的新模式。2001 年，首都文明办吸收上海市等外地经验，提出“创建特色文明社区”的建议。特色文明社区的创建特点，一是注意整合社区优势资源为居民服务；二是利用资源优势开展服务形成文明社区新特点以后，以这个突出特点带动社区管理，创建特色文明社区。特色文明社区的创建，打破了不顾社区差别用一个标准衡量创建活动水平的僵化的考核模式，为更多社区打开文明创建之门，为利用优势资源提高文明创建水平创造了条件。海淀区是中央和国家机关、部队、大学、科研院所、大型企业云集的地方，社区呈现出居民总体素质好、智力资源多、资源多元化的特点，具有创建特色文明社区的优势条件。在区委、区政府的支持下，区文明办在 2002 年 3 月组织首批特色文明社区创建活动，并创新工作，实行竞争机制和资金先行扶持机制。过去由于创建奖励经费有限，“以奖代补”，对众多创建成功的文明居民区的奖励像“撒芝麻盐儿”，“奖”的作用不明显。这次拿出 120 万元先行支持 4 个特色文明社区的创建，平均每个社区 30 万元。在当时，这笔费用对于一个小小住宅区的建设来说，是相当可观的。全区 14 个街道的积极性都特别高，各自依据创建特色文明社区的标准，推荐一个自身基础条件较好的社区，参加全区的考核、评比竞争。区文明办邀请首都文明办、北京市社会科学院、区主管领导和区相关部门领导、专家、学者组成评议组，对参与遴选的 14 个社区进行规划、措施和实地评估，最后评出创建环保型、健康型、学习型、科普型文明社区的 4 个社区，并准时拨付扶持资金。这 4 个特色文明社区实施高标准创建，成为全区的样板，带动了全区特色文明社区的创建。区委、区政府扶持特色文明社区创建的政策和机制，2004 年后又延续了一届，扩增了创建数量。特色文明社区创建在全区遍地开花，各街道纷纷争创，收到可喜的成果。

创建文明居民区成为居民的愿望和志愿行动

文明小区创建最大的特点是它的群众性。群众受益了，就会自觉、积极地参与，使创建活动不断丰富，为后续工作积蓄后劲。居民看到文明居民区环境、管理、服务样样都不错，都支持居（家）委会、产权单位和物业公司把自己居住的小区也创建成文明居民区。经过宣传、参观和发动，创建文明居民区（社区）蔚然成风，许多家庭相互比着争当“五好家庭”“卫生之家”，认养小区绿地、花草苗木，邻里携手互助共创“文明楼门”“卫生街巷”。海淀街道芙蓉里小区、中关村街道十二小区、恩济里小区等居委会组织居民和少先队员开展认养小区绿地花草苗木活动和建设红领巾绿地活动。甘家口街道机械研究院小区退休职工李宝善自费办图书室，免费向小学生开放。全区社区各类服务网点有 6000 多家，70% 的居委会都设立了为居民服务的热线电话。全区 71% 的家庭（29.63 万户）被评为“五好文明家庭”，1300 户家庭被评为市、区级“五好文明家庭标兵”。街道、居委会、群团组织和学校的社区志愿者、志愿者家庭、党员志愿者、青年志愿者活跃在各个社区，受到欢迎，获得表彰。海淀街道、双榆树街道邀请人民大学青年志愿者参与的社区教育和服务活动，被评为“首都精神文明建设最佳活动”。1999 年，区文明办在全区建立义务“文明监督员”队伍，劝导不文明行为，倡导社会公德，志愿者达 2.6 万人。区文明办把市民文明学校建设作为评定文明居民区的考核内容，辅助学院路街道建立区级社区文明市民学校示范校，争取首都文明办扶助资金在万寿路街道建立首都文明市民学校示范校。到 2000 年，全区市民文明学校达到 687 所。市民文化、文明教育活动因为有了场所和建设标准，从而更加规范和丰富多彩。

创建文明居民区被列为政府为群众办实事项目

从 1990 年开始，区政府每年都把创建文明居民区工作写入《政府工作报告》，列为政府为群众必办的实事；同时，制定《海淀区文明居民区标准》，将创建工作纳入街道工作重点，要求每个街道从每年至少创建 1~2 个文明居民区起步，逐年创建，滚动发展。创建文明居民区（社区）被确定为政府为群众必办的实事后，全区各相关委办局和街道都作了任务分解，按目标管理责任制予以落实。

1994 年 1 月，区委七届一次全会通过《关于加强精神文明建设的意见》。为了把实事办好，把好事办实，区政府设立精神文明建设奖励基金，启动“以奖代补”奖励机制，支持文明居民区建设。1996 年 11 月，区委七届九次全会通过《关于认真贯彻中央十四届六中全会精神进一步推进海淀文明区建设的意见》，将文明居民区建设列为群众性精神文明创建活动和海淀文明区建设的基本载体。2000年9月，根据国务院批复建设中关村科技园区的精神和海淀区建设中关村科技园区的新形势，区委、区政府提出“建海淀美好家园，做文明中关村人”的创建文明城市的总口号。摒弃大而空的一般性号召，从劝阻具体的不文明行为入手，提出海淀区第一个接地气的市民道德自律口号：“管住自己的嘴，不说粗话、脏话，不随地吐痰；管住自己的手，不损坏公物，不乱扔废弃物；管住自己的脚，不乱穿马路，不践踏绿地草坪”，倡导市民提高文明素质和道德水平，维护公共秩序和生活环境。一时间这个口号遍布大街小巷和社区。区文明办还按照区委、区政府落实北京市申办奥运会提出的“绿色奥运”理念，在创建文明居民区活动中开展创建“绿色小区”“绿色文明家庭”活动，支持区妇联的“环保家庭承诺责任书”和区科协“科普进社区”活动。

各地区各单位的精神文明创建活动各具特色，也积累了一些经验。1999年以来，区文明办非常重视创建活动的经验总结，先后召开文明创建、社区志愿者和市民文明学校等工作经验交流会，并组织编写《文明创建风采录——海淀区精神文明创建活动示范点巡礼》一书。这些工作使创建文明居民区、为群众办实事的理念更加深入人心。特别是2000年11月区十二届人大常委会十四次会议专门听取了区政府“关于文明居民区十年创建工作的报告”。这说明，文明居民区创建由于涉及城市管理、群众利益、社会风貌的方方面面，已经成为文明城市创建的民意基础和受到人大代表高度关注的政府重要政务与民心工程。

（作者系海淀区文明办原主任，《北京市海淀区志（1996—2010）》副主编）

海淀区老干部理论学习中心组的三十年

艾春吉

有一群老人，或已年逾花甲，或过古稀之龄，或已进入耄耋之年，他们坚持一个作为——学习，坚守一个阵地——海淀区老干部理论学习中心组。从成立那年起，这个不断继往续新的群体共同坚守了三十年，不惧风有多强，不顾天有多寒，不避雨有多大，不怕路有多远，为了学习，总是义无反顾按时集合在一起。

学习小组的起步和前行并非一帆风顺。从 1990 年 8 月成立起，经历了有起有落的考验，也经历了从 3 个人到 2 个人到 1 个人的执着坚守，再到十几人参与进来，人员一天天聚拢，心气一天天凝聚。他们在病痛困扰、家事负担和世俗的眼光下坚守着理论学习和宣传的这块阵地，从不言退，初心永驻。

人们总是不断提出一个问题：在本已离退休之后，在如此耄耋之年，在晚年病痛困扰之中，还要去学习政治理论，他们图什么呢？那就让我们走进他们，记下他们，让今人去感受这些老人那别样的“晚晴”，让历史留下这些老人曾经的理论坚守。或许在海淀的历史上，前无古人，却后有来者……

信仰的力量

2009 年 9 月 10 日，我第一次来到这个小组。老干部局的同志告诉我，这个小组到明年就成立二十周年了；除了自学，每月 10 日和 24 日的上午是集中学习的时间。他给了我一个名单，我惊异地发现，那上面写着的小组成员都是七八十岁的离退休干部、老党员。真是无法想象，这些年逾古稀、跨入耄耋之年的老人为什么，又是以怎样的坚持，在理论学习的路上坚守着他们的信仰？

此时的组长是李林，区党校党委书记，离休干部，1931 年生人，主持每次的学习。他对学习要点做了条理清晰的解说和提示，那井井有条、深入浅出、联系实际的引导性讲话，你会确信，他不仅认真阅读了文件，而且收集、参阅、研究了相关文章。随后每个人的发言也都是有备而来——他们摊开密密麻麻做过记录的笔记本和一字字手写的发言稿，一边听发言，一边记笔记，一边参加讨论。置身于这一丝不苟的学习氛围，看着他们老花镜下聚精会神的眼神，你的好奇只能演变为由衷的敬佩。

中心组每年都会制订年度学习计划，诸如中央重要会议精神、领导人重要讲话、改革发展形势和社会分配、民生“三难”、物价（特别是房价）、反腐倡廉、小孩入托、“看病难、看病贵”等社会热点问题，都列入其中。一年学习活动结束，还认真地做详细的总结，多年形成的严谨的规则，并没有因为退离岗位而放弃。 马富隆、何晓梅等几位担任离退休人员党支部书记的人还把基层党员和群众的思想反映带到组里，同大家一起研究如何解疑释惑。我深深感到，“常怀忧党之心，恪尽兴党之责”镶嵌在他们心中；“有退休的干部，没有退休的党员”，对于他们并非一句空话。

不了解情况的人往往把中心组的老同志想象成一群思想教条、行为传统、远离时事的当代“古董”。其实，这些人想错了。这些有着抗日战争、解放战争、社会主义革命和建设不同历史经历的老党员，正是通过学习，从深层次理解和感知马克思主义理论中国化的历史作用意义，正确理解革命、建设的曲折和成功，正确认识今天改革开放的成果与艰难。他们从花甲到古稀，进而步入耄耋之年，思想始终追赶着党的理论发展和时代前进的脚步，与时俱进，践行中央对离退干部“政治坚定、思想常新、理想永存”的要求，没有停步。

有谁知，为了参加学习，有的谢绝了高薪聘请加入进来，有的不在乎各种闲言碎语加入进来，有的忍受着老年病痛加入进来，有的在担负许多家务的困难中或放弃许多家庭需求而加入进来。是心中的政治信仰和对真理的追求让所有老同志化解了一切的世俗观念。中心组成立 30 年来，不同年龄段的老党员用继往续新的坚守，传递了海淀区离退休老同志对信仰的执着、对党的忠诚、对国家的热爱和对人民的深情。也许有人会说，不就是坐在那儿学习吗？可他们哪里知道，理论学习中心组的老同志大多退休不下岗，多年如一日在理论教育、形势宣讲、支部工作、巡视工作、史志工作、慈善事业上奉献余热，他们身体力行，时时刻刻在传播正能量。

不倦的执着

老干部理论学习中心组的前身是1990年8月下旬成立的马克思主义宣传小组，当时是为了帮助老干部认清资产阶级自由化的本质，通过学习和宣传马克思主义哲学，提高老干部看问题、处理问题的能力，提高执行党的路线、方针、政策的自觉性而成立的，时任区委党校校长劳农为组长。这个小组最初只有三人，由于种种原因，成员后来只剩下劳农一个人。为了不使小组夭折，劳农表示“一个人也要坚持”。正是这种不倦的执着精神，使老干部理论学习中心组像一棵细弱的幼苗凭着它的生命力顽强地生存生长下来。

凭着不倦的执着，“真学”“真懂”“真信”“真用”的学风被保持下来。劳农曾引用国学大师王国维《人间词话》中讲的做学问必经的三种境界：初读时“昨夜西风凋碧树，独上高楼，望尽天涯路”，专研时“衣带渐宽终不悔，为伊消得人憔悴”，苦思有得则犹如“众里寻他千百度，蓦然回首，那人却在灯火阑珊处”。这位81岁老党员以如此严谨的学风，率先垂范，数年如一日，写出50多万字的读书笔记，发表2本专著。

凭着不倦的执着，第二任组长李林传承“先学一步，多学一步，学深一步，提高自己”的自我约制，自费订阅了十几种报刊，每天阅读十几小时，在每次学习讨论时作开篇引导；率先垂范，发表60多篇理论文章。后来我接替李林做了小组的组长，也是秉承老组长的工作作风。还有凭着不倦的执着，至今已经88岁高龄的马富隆，十五年如一日在学习上一丝不苟，看着他把陌生、深涩的新论新词清晰且条理化地纵横解析为讨论开篇，你会真的相信：学习与健康长寿有种必然联系？

凭着不倦的执着，徐鸿昌创办了“老党员聊天室”，贴近老同志的思想和生活进行心灵交流。

凭着不倦的执着，辛福泉忍受着眼睛屈光不正、肌肉萎缩、动脉硬化带来的视力模糊、神经疼痛的痛苦，坚持学习，直到走上手术台。家住玉泉路的田德众，10年间为了学习不迟到，总是避开乘车高峰坐凌晨5点50分的头班车赶往学习地点。

凭着不倦的执着，花甲之年的政治学女教授何晓梅上管老、下管小，担任离退休人员党支部书记，仍十年如一日为社会单位义务讲授毛泽东思想和中国特色社会主义理论体系概论。利用微信群聊，为大家提供最新的理论成果、政策解读和要事信息。

凭着不倦的执着，曾任海淀区委宣传部部长的齐勇把研读理论、解析政策、关注时事、讲课辅导当作生活第一需要，把伏案苦读、钻研理论、社会考察、站台讲课、俯身解惑当作生活的最大乐趣，成为最受基层欢迎的不收讲课费的政治辅导教师。

凭着不倦的执着，侯志明每次骑行 20 公里参加学习，风里来雨里去从不迟到早退。他笔耕不辍，用 3 本专著、70 万字，记录时代变迁、改革惊涛，研究前沿理论，下基层宣讲世界百年未有之大变局。

凭着不倦的执着，军人出身的张文启从老干部局局长岗位上一退休就投身到社会慈善工作中，不久就申请加入他曾全力支持、而今又牵肠挂肚的理论学习中心组。

凭着不倦的执着，刚刚从领导岗位上退下来的吴长青、鲍晓戈、张振西既不喘口气，也未歇歇脚，在撑起离退人员党建工作担子的同时，加入学习中心组。后来吴长青、鲍晓戈又接受了区委巡视组的工作，吴长青则挑起组长重担，百忙当中，仍旧不无故缺席小组的学习活动。他说："工作政策性强，更应学习，不让头脑生锈，才能站好这一岗。"

当你融入他们愉悦、热烈的学习讨论时，或许不会想到这些老人克服了多少家事难题、生活困扰和老年病痛。劳农，两次肾癌、直肠癌大手术；李林，因三叉神经痛、耳膜穿孔、脑神经障碍等病曾 5 次住院；还有已经过世的尹宏章，做过搭桥手术、安着两个支架……他们用不忘初心的精神力量，身体力行地擎着这面理论学习的旗帜，使旗帜迎风飘扬。

别样的"晚晴"

理论学习或许是枯燥的，但丝毫不会抹去人内心的深情。你触摸到的是已经融化在老人们心中别样的"晚晴"：学习会使大家上知中央政策，下晓大好形势；内议社会热点，外论天下大事；年高而德劭，热心社会公益，知多而见广，有方教化儿孙。学习使他们觉得晚年找到了生活的一片视野、一种追求、一种境界、一种活力。政治上不褪色，思想上求创新，精神上保活力，知识上阔视野，生活上添色彩，是他们内心的深情期冀。他们为改革与建设的成就而鼓舞，为党中央应对经济社会新问题和复杂的国际环境所采取的正确政策、措施而赞叹，也为前进中出现的发展困难、自然灾害和民生问题而忧虑。围绕党的理论、国家中心工作和社会热点开展学习和讨论，一个议题讨论下来，往往时间不够。是"年老话多"吗？不是！是深深植于心中的难以改变的政治信仰和精神追求缔造了他们的价值观。

劳农在他因患直肠癌住院治疗时，读了 3 本书——《毛泽东诗词史话》《不落的太阳——毛泽东》《江泽民论"三个代表"》，在病榻上写了《用发展观点看待反腐败形势的几个认识问题》等3篇文章。他说:“学习和写作成为我养病战胜癌魔的可贵精神食粮。”

10岁丧母的孟宪忠时时记着，是乡亲们的接济，让他这个没有鞋穿、没有饱饭吃的苦孩子活下来。长大参军投身革命后，没有一刻忘记乡亲们的恩情，总是惦记着苏北故乡的脱贫，为让乡亲们过上富裕日子奔走。他用自己省吃俭用结余的7万多元，为村里修路，资助孤寡老人，帮20余户贫困家庭修房、治病、解决生活困难。

同样的情感也融化在老干部局原局长张文启的心中。从烽火边塞、风雪哨所转业到地方的他，至今仍旧放不下远在新疆边防线上的老部队和结下深厚鱼水之情的边疆人民，几度数千里奔波去探望部队老战友，关心乡亲们是否脱贫致富。他说，这两件事有他的爱、他的情。

2021年，中心组吸收了区政协原秘书长张秀慈、区体改办原主任徐文华为小组正式成员，局领导热情而庄重地为他们颁发聘书。其实，两位老党员退休后一直被返聘撰写史志，到这一年，徐文华写了20年，张秀慈写了15年，如今又加入小组续写理论华章，她们存初心，担使命，气质如兰，才华比仙，老骥伏枥。她们说，越研究历史，越懂得理论的先导作用。历史昭示未来，要用理论揭示历史，展望未来，让心中一生不留问号，才能跟上时代步伐。这一年徐文华84岁，张秀慈70岁。

他们，就是这样一群融染着别样“晚晴”的老共产党员。

纯洁的追求

有人问：是什么力量让这群老党员那么坚定、那么执着？他们最为简单和朴实的答案是:“学习理论让我活得明白，活得充实，活得有价值。”这是一番发自肺腑的话，你感受到的是有一种巨大的价值观力量在引领、激励他们，排除了一切物欲，超凡脱俗，在许多倒在物欲横流的贪腐旋涡中的干部前，显示出他们的纯洁和高尚。

中心组的同志有时被一些单位请去作学习辅导。按惯例，组织方会付讲课费，但大家都婉言谢绝了。许多人说，都市场经济了，给报酬也是按劳取酬嘛！但大家坚定地恪守老组长劳农、李林留下的传统——义务讲课不收报酬。在他们心中，宣传马克思主义、毛泽东思想，宣传党的理论、路线、方针和政策，是共产党员应尽的义务，哪有讲党课还要钱的！

考虑老干部们年事已高，每年安排寒暑假休学，可老同志们的自学并不停顿。2010年的寒假和春节，孟宪忠并没有休息，写了30多篇理论文章交上来。看着纸页上一行行工整书写的文字，大家都惊呆了。我不禁感叹：八旬老人把心血付出当作快乐，真彰显了一位老党员崇高的精神境界和对学习党的理论独有的执着啊！

无独有偶的还有曾任翠微大厦党委书记的侯志明，他退休后笔耕不辍，用3本专著、70万字讲述自己的生活和工作经历，记录时代的变迁、改革的惊涛和党领导下事业的日新月异。他说："伟大的时代需要记录，历史的镜子要照给后人，我很辛苦，但更快乐。"

1999年，中共中央组织部授予劳农"全国离休干部先进个人"荣誉称号；2000年，劳农光荣出席全国老干部思想政治工作经验交流会并作典型发言。

1999年、2002年、2003年，中共北京市委老干部工作领导小组授予李林"北京市老干部先进个人"荣誉称号。

2004年10月，中共中央组织部授予李林"全国老干部先进个人"荣誉称号。

2005年3月，中共海淀区委组织部和老干部局作出《关于开展向劳农同志学习活动的决定》。

2009年，由孟宪忠和田德众担任书记的两个老干部党支部分别被评为北京市先进老干部党支部。

2020年，老干部理论学习中心组被评为北京市离退休干部先进集体。《支部生活——北京老干部》杂志刊载了他们的事迹，北京电视台采访后拍摄了纪录片《初心不渝 薪火赓续——记老干部理论学习中心组》。

成立三十年来，集体和个人多次被评为北京市和海淀区老干部先进集体和个人。

三十年的坚守，别样而无价的"晚晴"，凝聚在更多的荣誉上，没有金钱，没有报酬，没有名利，却永远留下了老共产党员们晚年续写闪烁人生价值和高尚晚节！

（2021年9月）

（作者系海淀区文明办原主任，区老干部理论学习中心组组长，《北京市海淀区志（1996—2010）》副主编）

中关村：共和国的高科技名片

徐文华

中关村，古老而又现代，它的发展历程漫长而又短暂。据专家考证，新石器晚期，这里便有人类活动。到了汉代形成农业聚落。明代寺庙颇多，使这一地区形成寺庙聚落。清晚期到民国，这里注入了文化教育元素，1911 年办起了清华学堂，1928 年改建为清华大学，1925 年燕京大学迁入。今天，中关村已名声远扬，是中华人民共和国高科技人才的集聚地，是高等院校、科研单位最密集的地方，更是中华人民共和国第一家高新技术企业开发试验区、科技园区、自主创新示范区。2 万多家高新技术企业落户中关村，其中“独角兽”企业占全国近一半，GDP 大约占北京市的 1/4。

新中国成立仅 70 年，不到百年历史，为什么一个在晚清和民国初期刚刚注入文化教育元素的普通村落会发生翻天覆地的变化?

国家给中关村以特殊的定位

中国共产党在新中国成立前对首都北京已有初步规划，北京是教育文化中心已是板上钉钉。1949 年 1 月以后中央政府接管全部高等学校并改成公立大学，中华人民共和国诞生后，投入大量资金在中关村地区建设科研教育基地。1952 年北京大学与燕京大学合并，定名为北京大学，校址定于海淀勺园一带。同年，实行高等院校调整方案，在中关村地区建成北京航空学院、北京钢铁学院、北京石油学院、北京林学院、北京医学院、北京矿业学院、北京地质学院和北京农机学院，即通常所说的“八大学院”。1953 年，中关村地区共有高等院校 18 所。1953 年底，中科院近代物理研究所在中关村建起办公楼。这栋楼成为科学城振翅冲霄的起飞点。从此，科研机构、高等院校如雨后春笋纷至沓来。到 20 世纪 80 年代，中关村地区已有30多所高等院校、130多家科研机构，学科专业几乎包括自然科学和社会科学的所有学科领域。据统计，中关村地区高等院校共有600多个专业；拥有全国力量最雄厚的师资队伍，包括2.5万名教师，7400多名正副教授；在校学生超过10万人。各大学在培养人才的同时，还承担着大量的科研任务，仅“六五”计划期间就开展了10余万个科研项目。中科院近2万名科技人员分布在这一地区，平均每年承担国家和企业的科研任务2000多项。至2010年，中关村地区科研院所达170家（不含高校、国防单位和企业所属科研机构）。据其中124家科研院所统计，科技人员达37549人，其中两院院士167人，在海淀区域内工作和生活过的两院院士426人、研究员4162人、副研究员9434人，有科研楼466座、实验室415个，其中包括42个国家级实验室。如此强大的科技实力，如此特殊的教育、科技发展的基础，使中关村地区成为中国乃至世界上科技、教育、文化资源最丰厚的区域之一，更为高新技术产业的崛起奠定了坚实的基础。

改革开放的大潮激励了弄潮儿

20世纪70年代末80年代初，经济改革的大潮从东南沿海涌进北京城。中关村地区的科研单位和高等院校出现了一批“弄潮儿”，在尚未解冻的春天，就开始推波助澜，大胆进行改革试验。一批有远见、有抱负的科技人员感到“春天”的来临，重新燃起科技报国的激情，走出中关村地区的科研单位、高等学府和国营企业，“下海”创办科技企业。

1981年中科院出现了第一个敢吃螃蟹的人，他就是中科院物理所研究员陈春先。1978年与1980年，他两次访问美国，主要考察核聚变技术相关问题，在访问多处核聚变实验室时，意外地发现这些实验室技术含量很高的设备是美国技术扩散区一些小公司生产的。陈春先深受启发，于是要求访问技术扩散区，他被获准参观波士顿128号公路技术扩散区。他了解到技术扩散公司由两部分人员组成，一部分是教授、工程师、大学生，他们有技术，负责产品设计、研发、制造、销售；另一部分人是风险投资家、企业家、金融界人士，他们有钱，负责满足公司创业时的资金需求。硅谷成功的科技与产业结合模式和国内科技与产业严重脱节的现象，极大地触动了陈春先。他联想到中关村地区的许多科研成果和新技术革新项目长期在实验室、仓库、档案里沉睡。他回国后，在物理所多次介绍美国硅谷和波士顿128号公路“技术扩散”模式，并提出要在中关村搞试验，移植美国硅谷经验的设想。这时他所承担的国家级科研项目因国家有困难暂时停建，他决心率先走出这一步。他找到物理所工程师、北京等离子体协会核聚变工程分会秘书长纪世瀛谈了自己的想法。两人一拍即合，又联合了几位科技人员，于 1981 年 10 月 23 日，宣布成立北京等离子体学会先进技术发展服务部（以下简称服务部）。服务部实行“不要国家编制，不要国家投资，自筹资金，自负盈亏，自担风险”的原则，内部分工、管理按照公司模式运作。毫无疑问，这是一个创举，它成为中关村乃至北京市第一家民办科技机构。服务部成立后，经历了一些波折，但得到中央领导的充分肯定，认为这样做“可能走出一条新路子，一方面较快地把科研成果转化为直接生产力，另一方面多了一条渠道，使科技人员为四化做贡献”，中央领导责成中央科技领导小组“研究出方针政策来”。这一事件引起强烈的反响，带动了一大批科技人员走出科研院所、走出高等学府创办科技企业，为激活大量沉淀的科研成果的转移，为新技术企业的崛起，为中关村电子一条街的形成，铺下了一块最重要的基石。1983 年 5 月，中科院陈庆振等人创办了科海公司；7 月，王洪德等 8 名科技人员创办了京海公司。1984 年 4 月，中科院电工所汪德正、金家骥等人创办了电器高技术公司；4 月 11 日，第一所高校创办的企业出现了，北京师范学院梁炳有领办钟声电子科技开发公司；5 月，印莆盛等 7 人与四季青乡联合创办了四通公司；6 月，中国医药科学院出资由孙载明创办了试验药厂；8 月，中科院声学所科技人员与海淀街道联合创办了海声软件开发公司；9 月，传热技术专家、高级工程师蒋大年在区科委支持下创办了海通传热技术公司，航天二院投资 1500 万元创办了长峰工业公司；11 月，出现了一个创办企业高潮，柳传志、王树和、张祖祥带领 11 位科技人员创办了计算所公司（联想前身），接着又有 4 家新技术企业诞生，包括信通、科理、百泰、三环新材料等著名企业。1984 年，共有 40 家新技术企业出现在中关村一条街，当年营业额达 1800 多万元。到 1987 年底，中关村一条街已有各类新技术企业 148 家，从业人员 3800 多人，其中科技人员占 46%。按所有制分类，其中，全民所有制 33 家，集体所有制 111 家，个体 2 家，中外合资 2 家。按产业结构分类，电子及计算机有 97 家，占 65%，其余为生物工程、新材料、仪器仪表、化学、咨询服务等。这一年的企业收入也十分可观，电子企业占 80% 以上，技工贸总收入超过 9 亿元，已占海淀区社会总收入的 37%。至此，中关村一条街已形成全国较大的微机与电子元件以及信息产业技术市场，形成以中关村—海淀路—海淀大街—土城路为支线的“F”形地区的科技企业群，电子、电脑产品的销售额达 4 亿多元，成为名副其实的中关村电子一条街。

1987 年 12 月，中央根据中关村地区的发展态势和北京市、海淀区的请求，派联合调查组深入到这一地区进行全面调查，调查组由中央办公厅研究室牵头，国家科委、国家教委、中科院、中国科协、北京市科委和海淀区政府参加。区委、区政府派区委研究室和区科委、区经委派人参加调查并积极主动介绍情况。1988 年 3 月 12 日,《中关村电子一条街》的调查报告在《人民日报》全文刊登。报告中对中关村新技术企业的发展给予极高的评价，称“电子一条街以其突出的成就而令人刮目相看”，用大量的事实和数据概括了电子一条街所取得的成就：发展速度快，经济效益好，不占用国家财政拨款，却创造和积累了可观的财富；取得了一批水平较高的科研成果，开发出一批新产品，推动了我国以微电子为代表的新技术产业的发展；调动了科技人员的积极性，促进了人才流动，同时也培养了一批新型的科技企业家和经营管理人才；电子一条街的发展冲击了旧观念，冲击了科技和经济相脱节的旧体制，探索了科技与经济相结合的新路子，探索了我国高新技术产业起步与发展的新路子，为科技体制改革、教育体制改革、经济体制改革提供了新的思路。

高新区在中关村诞生

1988 年 3 月 7 日，中央财经领导小组同意联合调查组在调查报告中提出的建议，决定建立中关村科技工业园区（或称技术开发区）。并提出制定一个建立高技术产业开发区的条例，成立一个委员会，由各方面（海淀区、中科院、高等院校、科委等）参加，主要任务是协调，授权北京市政府，由北京市牵头，教委、科委、科学院参加，科学院为主力，许多事情要靠海淀区，国家有关各部门一律“开绿灯”。3 月 9 日，中央书记处候补书记兼中央办公厅主任温家宝向中央联合调查组和北京市委传达了中央财经领导小组的决定及相关指示精神。北京市政府组织海淀区和各有关部门做了大量的准备工作，研究起草《北京市新技术产业开发试验区暂行条例》上报中央。

海淀区委、区政府领导在中央调查过程中已预感到建立开发区的愿望即将实现，较早地开始各项准备工作。重点抓两项工作。第一项是为中央制定政策提供素材。于 1988 年 1 月下旬，区委书记张福森与常务副区长邵干坤商定，召集区委研究室、科委、经委、财政局、税务局、工商局的负责人开会，研究起草“新技术开发区”的综合性政策意见，为新技术开发区条例的制定做准备。第二项准备工作是研究试验区管理机构设置，探索政治体制改革，创新试验区管理体制。于

1988年3月，区委书记张福森责成区委研究室对试验区管理机构进行调查研究并参考特区的管理体制。3月26日形成《新技术产业开发试验区机构设置等问题的设想》(以下简称《机构设想》)，于4月9日，提交区委常委扩大会议讨论通过。《机构设想》的基本精神是：试验区的机构设置应与海淀区政府管理体制保持相对的独立性和权威性。试验区办公室为副区级，是海淀区政府的派出机构。1988年5月10日，国务院批准在海淀区以中关村为核心的100平方公里范围内建立全国第一家新技术产业开发试验区。这是海淀区乃至北京市发展史上的重大事件。国务院在批准成立试验区的同时也批准了《北京市新技术产业开发试验区暂行条例》(即18条优惠政策，以下简称《条例》)。此时北京市和海淀区已做好了各方面准备。立刻成立试验区办公室，内设“两部三所”，即行政联络部、企业发展管理部、工商所、税务所和财政审计所。同时决定向社会公开招聘试验区管理人员。突破了沿海经济特区的管理模式，体现出在建成区内建立开发试验区的特点；突破了传统的干部管理制度，成为北京市首家公开招聘干部的单位。

试验区的工作是全新的，在国内没有先例，没有参照系。而且试验区的诞生，正处于我国经济转型期，计划经济时期各项政策、法规正常运转，新的政策、法规尚未形成。试验区的重点在“试验”两个字，试验的过程就是创新的过程，包括扩大空间模式的创新、科技创新、体制创新、机制创新、制度创新和组织创新。试验区办公室成立后在广泛征集专家意见的基础上，制定了《北京市新技术产业开发试验区1989—2000年发展规划纲要(草案)》和《“八五”新技术产业发展规划》。试验区认真落实了规划纲要和“八五”新技术产业发展规划。试验区办公室成立初期，成功地解决了两大难题。

首先，突破发展空间不足的难关。试验区只有100平方公里的建成区，新技术企业发展空间十分有限。试验区办公室主任胡昭广了解到许多驻区大单位内部还有空地，但因拿不到规划部门的批件而无法开发。胡昭广认为，可以由试验区规划立项，通过招商，由企业开发，出地单位和企业各得其所。就这样，出现了技贸中心大厦的开发计划并上报市政府，1988年10月15日市政府常务会议讨论通过。市领导肯定这是个好办法，不花钱、不占地也能解决发展空间问题，由此确立了“因地制宜、见缝插针”的方针。充分利用各大单位内的有限空间，用市场经济的运作方式进行新技术企业开发建设，进而形成了“节点战略”和“十大建筑”开发计划。1988年至20世纪90年代初，试验区共代申请立项20多个，申请投资22亿元，建设面积64万平方米。“十大建筑”包括：科技贸易中心大厦、新技术产业1号楼、中关村海关大楼、清华科技开发楼、新技术产业6号楼、四通大厦、泛太科技大厦、慧光大厦、中科大厦、中宜大厦。“十大建筑”主要分布在白颐路、知春路、成府路等商贸繁荣、交通便捷的地区，极大地缓解了企业总部和企业生产、生活用房的紧张局面，对于改善试验区的投资环境，进一步优化企业生产、经营、办公条件以及树立试验区和企业的产业形象起到了重要的作用。

1990年，试验区办公室提出建设上地信息产业基地的建议。海淀区政府立即组织有关部门和试验区办公室草拟规划开发意见。1991年10月，国家科委、北京市政府正式批准将上地村开辟为首都第一个以电子信息产业为主导的高科技产业基地，也是北京市第一个成片开发的高新技术产业基地。规划面积1.8平方公里，总占地面积232公顷，总建筑面积约250万平方米，总投资32.45亿元。10月12日，正式开工。上地信息产业基地的开发建设，是在改革大潮中进行的，具有明显的试验性与开创性特点。上地信息产业基地是全国第一个以电子信息产业为主导，集科研、开发、生产、经营、培训、服务于一体的综合性高科技工业园区，是北京市政府第一次进行土地使用权出让和转让的试点，起到示范作用。

其次，探索新的管理模式，创新管理制度。试验区领导积极吸收消化国内外先进管理思想，不断探索新的管理模式，创新管理制度。从1988年7月29日到1989年12月1日，53次试验区办公室常务会议中就有17次会议是讨论制定规章制度或改变某些制度的。先后探索改革了财务制度、统计制度、外事工作制度、“三资”企业的审批制度等13项管理制度，为企业发展创造了一个独特的、宽松的管理环境。试验区成立初期，企业财务管理很困难，由于企业来自不同系统，隶属于不同性质、不同所有制的单位，财务报表多达39种并各有依据。试验区办公室大胆改革创新，精心设计了一张表，涵盖了各种必须依法上报的数据。为适应新技术企业技工贸一体化的特点，创造性地提出使用“技工贸总收入”的新科目。经过几年的实践，企业乐意接受，也得到了财政部、科技部等权威部门的认可，并在全国高新区推广。“技工贸总收入”也成为全国高新区一个新的科目。统计制度更为复杂，企业月报上百项、年报上千项数字，要应对不同行业、不同主管单位的多头上报。为使统计准确、及时、统一，更好地为决策服务，同时又能减轻企业负担，统计中心从1989年至1991年底，研究改革统计制度，设计了一套表格，报表内容涵盖了税务、工商、财务等各方面所需数字。企业每月集中采集一次，实行月报制，只对园区统计中心负责。统计中心再综合分解应对多方上报，深受企业欢迎。外事制度也面临新挑战。试验区成立初期没有外事管理机构，新技术企业多数有外事需求，但办理出国手续审批过程十分复杂，试验区办公室副主任赵凤桐与外事办的同志研究，本着为企业提供高效、便捷服务的宗旨，大胆提出了突破外事逐级申报、多方审批的传统模式，建立试验区外事审批直接对应市级审批的设想，得到了市外事办公室、市经贸委和市科委的大力支持。试验区办公室可以代行市政府 3 个外事审批归口单位的职能，实行“一站式”审批，原来 3 个月的审批时间减少到 10 天。

实现产业规模化、现代化、国际化

随着试验区的全面发展和各项制度的健全，北京市委、市政府，海淀区委、区政府和企业共同努力深化改革，重点突破企业发展的难题。

进行了产权制度改革的探索，打开企业发展瓶颈 1990 年底，试验区办公室与市体改委、海淀区委区政府研究室就高新技术企业存在的产权问题进行了调查和大胆的改革设想，提出了在北京试验区进行以产权制度改革为基础的综合改革方案。1991 年底，国家科委和体改委确定北京试验区为全国 5 个综合配套改革试点之一。1992 年着手进行股份制试点工作，北京比特电子公司成为第一家采取定向募集方式设立的试点企业，后决定选出 15~20 家进行股份制试点。1994 年 7 月以后，依据北京市政府《北京市股份合作制企业暂行办法》，将部分企业改建为股份合作制企业，职工个人投资及其历年积累形成的资产，明确投资主体，其产权归职工个人所有，难以明确其投资主体的，产权归原企业劳动者集体共有，集体企业历年公共积累形成的资产，其产权归企业劳动者集体共有。是年 9 月，海淀区委七届代表大会第三次全会通过了《关于海淀区经济体制改革整体推进重点突破的若干意见》，进一步明确了“以加快建立社会主义市场经济体制为目标，以深化企业改革、建立现代企业制度为重点……”“建立现代企业制度的核心是产权清晰、权责明确、政企分开、管理科学”。有一定规模的高新技术企业逐步改造为有限责任公司、股份有限公司，规模小的企业可以改造为有限责任公司或实行股份合作制。是年 9 月 20 日，试验区办公室制定《北京新技术产业开发试验区执行〈北京市股份合作企业暂行办法〉实施细则》，获得批准后，使一批产权不清的企业通过股份合作制改造，重新界定了企业产权，一批个人出资的集体所有制企业摘掉了“红帽子”，恢复了真实的企业产权关系。

1997 年 8 月根据市科委、市工商局转发的国家科委、国家工商总局《关于以高新技术成果出资入股若干问题的规定》的规定，明确“以高新技术成果出资入股，作价总金额可以超过公司注册资本的20%，但不得超过35%”，同时明确，“经科技管理部门审查认定后，公司股东应就高新技术成果入股作价金额达成协议，并将该项技术成果及与之相当的出资额写入章程”，“高新技术成果出资入股，成果出资者应当与其他出资者协议约定该项成果入股使用的范围，成果出资者对该项技术保留的权利范围，以及违约责任等”。是年，市工商局与市经委、市国有资产管理局等部门共同组建了北京市产权交易服务中心，以探索北京市产权交易和改制工作新的方式与途径，并以海淀新技术产业开发试验区的高新技术企业为重点，积极探索非国有企业依照《中华人民共和国公司法》改制为有限责任公司和股份有限公司的试点工作。

1998年，海淀区委、区政府依据市科委、市工商局《关于推进北京市新技术产业开发试验区企业产权制度改革试点的指导意见》，承认企业骨干人员的智力投入、人力资本对企业发展的作用，调动并保护其积极性及相应的利益；以事实为依据，以法律、法规为准绳，妥善解决企业产权不清的问题；在产权界定基础上要按现代企业制度的要求，建立具有持续发展动力和自我约束能力的科学管理体制，在此基础上进一步探索产权激励的相关政策。支持中关村科技园区在联想集团控股公司、北京希望电脑公司、北京康拓科技开发总公司、中讯通信发展有限公司、北京乐科机电新技术联合公司、北京振冲股份有限公司、北京兆维电子（集团）有限公司、北京市桑普技术公司、北京市海淀区迪赛通用技术研究所9家高新技术企业实施产权激励试点。包括股份奖励、股份期权、奖励干股以及对职务科技成果主要完成和转化者股份奖励等。成功地探索了高新技术企业建立长久激励机制和相应约束机制的有效方式；探索技术和管理等生产要素参与企业收益分配的具体方式。由此开始，北京市新技术产业开发试验区有了股份制企业的统计数字，股份制企业由1993年的71家，仅占企业总数的1.88%，到1998年股份制企业达到1489家，占企业总数的32.7%。

冲破封锁，努力发展外向型经济　1989年6月之后，一些西方国家无端对中国实行经济封锁，对试验区的外向型经济发展产生负面影响。试验区冲破各种障碍，于1989年11月派代表参加了在澳大利亚举行的世界科技园区协会第五届年会，并成为该协会会员，为试验区走向世界打开一个窗口；1989—1990年，试验区在国外举办9次展览，参加4次重大国际会议，派出团组近200个，千余人次，取得了良好的实效；1990年6—8月，邀请29家外国通讯社记者参观访问试验区，邀请21个国家外交使节、商贸官员参加招待会。到1991年底，试验区新技术企

业在境外建立分支机构30多家，主要分布在美国、英国、澳大利亚、日本、新加坡、德国和东欧国家。同一时期有30多个国家的百余人来试验区商讨合作问题。通过多种形式的沟通、宣传，在国际上树立了北京试验区的良好形象，促进了试验区外向型经济的发展。

加速基本建设继续解决园区空间不足的问题　“八五”期间，基本建设总投资规模5.4亿元，总建筑面积30万平方米，南部以技贸中心为窗口，北部以上地信息产业基地和永丰中试基地为依托，中部以白颐路（现中关村大街）为重点，建成一批具有现代气息的高科技建筑群落，简称“南北中战略”，到1995年基本实现“公司有总部，生产有厂房，职工有住宅”的配套建设目标。1995年，上地信息产业基地初步建成集科研、开发、生产、生活于一体的综合性高科技园区。进驻企业85家，一批国内外著名高新技术企业进驻上地，如联想、方正、四通、彩虹集团等，国际知名企业有IBM中国研究中心、丹麦诺和诺德（Novo Nordisk）公司中国总部、日本发那科（FANUC）等。到1998年，上地基地总占地面积达200余公顷，总建筑面积200多万平方米，总投资30多亿元。后来还建起了留学生创业园、中关村国际科技孵化园、中关村软件园等专业园区，成为中国信息产业紧跟世界信息产业潮流、不断创新和发展的良好平台。

1997年，根据人大代表提出的试验区环境建设欠缺，要求区政府加快中关村地区改造建设的建议案。区委、区政府邀请区政协中的几位专家，由区政协、试验区工委、区委研究室组成联合调研组。经过深入调查，认为要充分利用好中关村的人才和科技优势、市场优势和知名度优势，对寸土寸金的海淀镇进行规划改造与开发建设，把这一地区建成高新技术产业市场，同时建议把改造后的海淀镇改称为中关村西区。中关村西区的大致范围是：北至四环路，东至白颐路，南至海淀南街，西至图书城，面积0.5平方公里。是年12月16日，市政府领导听取了关于开发中关村西区的汇报并给予充分肯定。不久市政府正式下发文件明确表示“原则同意海淀区在中关村西区建设以高科技市场为主的高新技术园区”。1998年，启动了中关村西区的建设工程。

1999年6月，北京新技术产业开发试验区更名为中关村科技园区。2009年3月，国务院同意把中关村科技园区建设成国家自主创新示范区。之后，调整扩大了中关村西区的范围和功能。中关村西区的范围为东临中关村大街，西接苏州街，南至海淀南路，北连北四环路。总建筑面积95公顷，公共写字楼建筑面积约250万平方米。其功能定位是以技术创新与技术成果转化和辐射为核心，以科技金融服务为重点，以高端人才服务中介服务和政府公共服务为支撑的创新要素集聚功能区。至2010年已按新的功能要求进驻企业7000多家。

1994年1月，为实现企业规模化，中共海淀区第七次代表大会提出高新技术企业到2000年“要拥有一批较大规模的具有较强竞争能力的跨国企业集团，初步形成在国内外具有一定影响的高新技术研究开发中心、技术辐射中心、产品销售中心”。明确当年重点抓企业规模化和企业集团化，努力形成具有特色的支柱行业。重点扶植骨干企业，向重点骨干企业发放“重点骨干企业证书”，向持证企业提供各种优先服务，如拆借资金、申请贷款、安排厂房、住宅用地、申报有关扶持计划、申报外贸自营权、申报股份制改造等。年底，评出运营状态良好、抗风险能力较强的二十强、五十优企业。1994年还出现了工业产值超亿元的企业16家，超千万元的121家。1995年，继续采取多种方式支持新技术企业形成规模。组建企业集团114个，帮助273家骨干企业列入国家及市级的16项计划，获得长期贷款和财政支持。这273家企业，技工贸总收入占试验区总量的60%以上，有10家新技术企业进入“北京市经济百强”。试验区及后来的中关村科技园区高新技术企业走出了一条自主开发、创新与引进、消化、吸收相结合的道路，打开了与国际市场接轨、融入世界经济的通道。使中关村逐步走向具有战略性新兴产业的发源地、集聚地，互联网及相关产业达6500余家；有北斗及空间信息产业最完整的产业链；集成电路设计，特别是芯片设计企业约占北京市的80%；云计算企业100多家，占全国的1/3；还有许多其他领域的新兴产业。

地方政府成为企业的“创新合伙人”

2018年4月，北京海淀区委、区政府聘请15位全球顶尖科学家作为政府的科学顾问，受聘期间，邀请科学顾问们通过每年2次固定座谈会和不定期主题沙龙的方式，沟通海淀区与中关村科学城的工作，对科技创新发展战略与相关规划提出意见及建议。通过重点项目合作方式，邀请科学家直接举荐重点项目和顶尖人才，区委、区政府以“创新合伙人”的身份承接落地。同年8月17日，北京航空航天大学机器人所名誉所长王田苗教授及其团队、智友天使基金（筹）、北航天汇孵化器、雅瑞资本、海淀园创业服务中心分别以“创新合伙人”身份联合发起的“中关村智友天使学院”正式启动，落地中关村地区。“创新合伙人”是海淀区近两年的新措施，海淀区委领导认为区政府在承认企业是市场主体地位的同时做企业发展的组织者、管理者，也成为参与者，是陪伴企业全程发展的合伙人。这一做法既是近两年的新措施，也体现出四十年来北京市政府、海淀区政府为高新技术开发营造优良发展环境的特点。

早在1980年10月2日，海淀区委书记张还吾即在海淀区第三次党代会的工作报告中分析了海淀区科技、文化、经济特点，第一次在全区党代会上明确提出发挥科技、教育优势，发展海淀的指导思想。

1981—1983年，许多区人大代表、政协委员也不断献计献策，建议区委、区政府要有“大海淀意识”，突破“区属单位”的局限，“要主动调整产业结构”等，提出把海淀区建成旅游、科技、文化特区的提案，这对区委、区政府的正确决策起了重要作用。1982年，海淀区政府召开会议专题研究，并制定了关于引进各类技术干部及管理工作的试行办法。由区人事局为没有干部调动权的民营企业和乡镇企业招聘人才，办理调动手续，保留干部身份，解除了许多科技人员的后顾之忧，推动了科技人员的流动。1983年，在许多政策尚不明朗的情况下，海淀区委书记贾春旺采取召开领导“碰头会”的方式，给刚刚萌芽的科技企业“开绿灯”，鼓励其发展。在工商管理、税务、信贷、劳动、人事管理等方面，给科技企业以最大的支持。1984年4月26日，贾春旺在修改区科技大会报告中提出了“依靠科学技术的进步，开发新型产业，把海淀区建成新型产业区，科学文化城”的构想。同年11月，海淀区第四次区党代会通过了张福森代表区委所作的“认真贯彻党的十二届三中全会精神把我区工作推向全面改革的新阶段”的报告。提出了新的战略目标:“逐步把我区建设成为适合首都特点的文化教育发达、环境优美、商业繁荣、服务优良、舒适方便的文化旅游区；智力技术密集的新技术、新产业开发区；服务首都，富裕农民的稳定的副食品基地。”从此，海淀区为科技企业营造良好的生存和发展环境更为名正言顺。1985年，海淀区成立了人才服务中心，专门负责办理各类企事业单位集体委托存档，个人存档人员的调入、调出手续，调入档案的审核，核定调入档案的档案工资等工作。为技术人员的流动大开“绿灯”。据区人事局统计，到1987年，中关村科技企业在区人事局保留全民干部身份的有380人。区政府还成立了人才交流中心，制定了人才招聘办法，并逐步解决了进入科技企业人员的技术职称的评定问题。

税收优惠、贷款支持十分有力。区税务部门给予科技企业享受知青企业免征三年所得税的待遇。据8家公司统计，他们从有营业收入开始，到1987年共享受减免所得税1957. 5万元。经过免征所得税后，又规定在之后3年内按企业上缴所得税额的30%提取专项基金，用于扶持企业自身的进一步发展。信贷支持。经海淀区政府主动协商，区农业银行、区工商银行和区信用社、区联社积极给科技企业贷款支持。据不完全统计，1983—1987年，区农业银行先后给26家科技企业发放贷款近3亿元，区工商银行给科技企业贷款5.3亿元。海淀区为科技企业经营提供场地。从科技企业一诞生，区政府就积极主动协助企业寻找场地，规划中关村铺面房屋的合理使用。动员区属企业把不宜占据铺面的生产车间、库房等房屋以合理的价格租给科技企业，在白颐路两侧，除必要的商业服务业门店外，主要发展科技企业，特别是科技贸易类企业。

试验区成立之后，市、区政府密切配合，在简化办事程序建立“一站式”办公，维护企业权力建立司法机构，扩展企业发展空间等方面做了大量的工作。在支持科技企业发展的过程中注意保护企业自主权。市区的党政领导及各部门，保护和尊重企业的自主经营权。不干涉这些企业的经营活动，使他们成为真正的商品生产者和经营者。由于地方政府的正确决策和有力措施，在全国改革开放大气候的影响和中央的支持下，海淀区的高新技术产业得以快速发展，形成了规模化、现代化和国际化格局。

（2019年6月23日）

（作者系海淀区委、区政府原体制改革委员会常务副主任，《北京市海淀区志（1996—2010）》副主编）

海淀区商业改革 40 年回顾

张秀慈

我与新中国同龄。几十年来，我目睹了祖国发生的翻天覆地的变化，特别是20 世纪 70 年代末实行改革开放以来，我亲历了经济体制改革，直接参与了海淀区国营商业服务业的改革，在商业系统基层企业、区商委、区政策研究室工作期间，直接参与了海淀区商业改革具体方案的起草制定。回首往事，我深深地感觉到，和全国一样，我们海淀区的商业改革也成为海淀区历史上一次前所未有的重要变革。

商业管理体制改革

海淀区的商业管理体制改革，经历了从以公有制为主体，门店核算、划类经营、全额利润上缴的计划经济模式，转变到市场全面放开、投资主体多元化的市场经济模式。在此期间，进行了产权制度改革，实行了全员劳动合同制，扔掉了“铁饭碗”，撤销了行政性公司和基层店，全面推进流通现代化，建立现代企业制度，实现集团化经营。逐步由传统的销售商品（或服务）种类、行业分类，转变为以大型购物中心、批发市场、连锁超市、专卖店等商业经营形式为标准的经营业态分类。

这项改革大致经历了四个阶段，第一是抓大放小；第二是扩大开放、招商引资；第三是全面推进现代流通体系建设；第四是建立现代企业制度，转变政府职能，实行政企分开，进行产权制度改革。改革商业管理体制，市场全面放开，企业自主经营，照章纳税，自负盈亏。

海淀区商业改革，从 20 世纪 70 年代末就开始了。首先从税制入手进行了改革，从全额利润上缴改成分税制，实行了一步利改税、二步利改税。抓大放小，对小型企业进行了拍卖、租赁、股份合作制和股份制改造。

1995年底开始，对原有的商业管理体制进行改革，实行政企分开。1996年8月，区政府制定商业改革实施方案，对海淀区属商业（服务业）企业粮食局、供销社、饮食服务公司、修理公司、煤炭公司、医药公司、商业设施建设经营公司、华奥商贸集团公司、超市发商贸集团、惠华集团公司、当代商城实业公司、海淀图书城建设开发管理处进行约束。各行政性公司重组转制，取消了其行政管理职能。

商业（服务业）逐渐放开，扩大开放，招商引资，实行市场化运作。商业服务业所有制结构发生了以下变化：国有商业服务业资产逐渐改制退出，非公有制商业服务业发展迅速，形成由国有、集体、股份制、股份合作制、个体私营、外商独资、中外合资等不同所有制构成的大商业、多元化格局。2000年后，以沃尔玛、家乐福、麦德龙为代表的外国流通企业和华润、物美、贵友、国美、大中、苏宁等国内民营品牌企业先后入区开店，餐饮、美容、美发、沐浴、洗染、照相等服务业国有资产完全退出。2010年，区属的国有商业企业仅剩当代商城和甘家口大厦2家。

大批原国有商业服务业企业员工彻底打破“铁饭碗”，实行全员劳动合同制。

企业改组改制。1995年底，区供销社以资产为依托，成立海龙商贸集团，区供销社和海龙商贸集团实行“一套班子、两块牌子”。1997年起改革转制，实行合资连锁经营。1999年，组建海龙高科物业管理公司，海龙大厦建成开业。2000年，海龙集团与法国蓝格赛公司合作成立蓝格赛—海龙兴电器设备商业有限公司，为海淀区首家中外商业合作企业。2002年底，海龙集团注册为海龙资产经营集团有限公司。2004年7月，北京市撤销海淀区供销合作社建制，由市供销社垂直管理，更名为北京供销社海淀投资管理中心。2007年，管理中心与海龙集团分离。

1996年10月，区饮食服务公司、区修理公司改组合并，组建北京意隆达集团。

1998年底撤销区粮食局，在区商委设立粮管办公室，管理全区粮食市场，原粮食局及所属单位改制为禾谷园实业公司。1999年6月，禾谷园粮油连锁总部由全民所有制改为有限责任公司，撤销禾谷园实业公司。2000年，禾谷园粮油连锁总部、宏通快餐经营部、天普公司、基建加工厂改制组建为禾谷园连锁经营公司，为国有控股企业。2007年，禾谷园连锁经营公司将国有资产买断，变为民营企业。

2000年，区煤炭公司注册成立北京海淀园煤炭经营中心。2002年9月整建制转入北京市金泰恒业公司（原市煤炭总公司），除保留部分煤炭供应职能外，转为以物业管理为主的多种经营。在所属 5 个煤厂分别建设 1 个年收入在 50 万元以上的经营项目，加快职工转岗。2006 年，更名为北京市金泰恒业公司海淀分公司。2007 年底，重组成立新的海淀分公司。

2000 年 3 月，区政府撤销区华奥商贸集团、超市发商贸集团、意隆达实业集团、禾谷园实业公司，合并组建北京超市发国有资产经营公司。2010 年底，公司更名为北京海淀置业集团有限公司。

2000 年 3 月，翠微大厦、甘家口大厦、华泰商业大厦、当代商城并入新成立的北京翠微国有资产经营公司。2006 年 2 月，公司改制为北京翠微集团。甘家口大厦、当代商城先后与翠微集团分离。

2000 年 7 月，区医药公司将全部净资产 1136 万元用于投资参股嘉事堂药业公司。2010 年 8 月，嘉事堂药业在深圳中小板上市。

2000 年，物资回收公司改为开源物业管理股份有限公司，实行多元经营。

2002 年底，区商业网点建设规划管理处和区商业设施建设经营公司分离。商业网点建设规划管理处划为区商委所属事业单位，商业设施建设经营公司仍为企业，2006 年 2 月与中国海淀图书城建设开发管理处同时并入北京超市发国有资产经营公司。

2003 年 4 月，区商业学校划归区教委。

2009 年 7 月，华泰商业大厦（劳动大厦）产权划归超市发国有资产经营公司。

建立现代企业制度 。1994 年起，海淀区在商业、服务业逐步建立现代企业制度，进行产权制度改革。 1996 年，华奥商厦从华奥集团剥离，成立华奥商厦有限责任公司；华光商厦和北太平庄商场改制为有限责任公司。上述 3 家企业以自有资金 2629 万元吸收社会资金 1070.9 万元。

1997—2000 年，企业改革步伐加快，171 家商业企业的 776 个门店完成改制，形式有股份制、股份合作制、“租壳卖瓤”、转让出售、撤资租赁等，涉及在职和退休职工 22496 人，收回国有资本 6031 万元。其中，区供销社建立股份合作制企业 29 家，出售或转让小网点 59 个，租赁网点 42 个，惠华集团机关人员（含办公楼和惠华大厦、惠华宾馆）并入华奥集团，其他基层网点及人员分别并入超市发、意隆达、粮食局等单位；意隆达集团 46 家门店完成企业产权制度改革；原华奥集团的沙窝百货商场、蓝波服装工业公司、清河百货商场等 8 家企业完成改制。改制后，有 3407 人通过买断工龄、门店承包等方式与企业解除劳动关系。

商业服务业国有资产经营管理。2000年，按照“国家所有、分级管理、授权经营、分工监督”原则，建立区政府—国资公司—参（控）股企业3个层次的国有资产管理格局。组建翠微、超市发2家国有资产经营公司。2010年，由区国资委直接监管的商业、服务业有翠微集团、海淀置业集团有限公司、当代商城有限责任公司、甘家口大厦有限责任公司。

翠微集团　原为翠微国有资产经营公司，由翠微大厦、甘家口大厦、华泰大厦、当代商城4家企业合并成立。2003年，华泰大厦由区劳动和社会保障局接收，作为办公大楼。同年，翠微公司作为国有出资人，对翠微大厦投资7074万元，占大厦总股本的47.16%。2006年初进行区属国有企业资产重组，撤销翠微国有资产经营公司，组建翠微集团，其所属控股企业有翠微大厦股份公司，拥有翠微店、牡丹园店、龙德店、翠微广场、清河店5家店。2007年当代商城、2008年甘家口大厦先后从翠微集团划出。

海淀置业集团有限公司　前身为超市发国有资产经营公司（以下简称超市发），由华奥、超市发、意隆达、禾谷园4个商贸集团合并而成，共有企业84家、门店833个、在职和离退休职工21471人。2000年，雪芹书画商店并入向阳文体公司；西苑商业区的百货、副食、饭庄停业；拆除颐宾饭店后投资兴建中关村科贸中心，超市发拥有其中7万平方米面积；将海淀医药公司全部净资产1136.94万元投资参股嘉事堂药业公司，占该公司总股本的10.18%。2001年，将消夏园餐厅、稻香酒家、华奥饭店3家企业投资入股华海旅游公司，占该公司总股本的45%。2004年，撤销华海旅游公司，上述3家企业回归超市发。将接收的三星、海枫出租汽车公司总资本投资首都旅游汽车集团，以698.4万元车辆资产置换首汽360万股股权，占该公司总股本的1.89%。2003年，联合数家物流和科技企业创立中关村数字物流港，其中，超市发出资720万元，占总出资额的48%。2006年，接收区商业设施建设经营公司和中国海淀图书城建设开发管理处，成立图书城特色街经营管理中心，2007年完成图书城特色街改造。2009年，参与设立中关村小额贷款股份公司，投资6000万元，持股20%；接收五道口大厦3.9万平方米（占35%）房产；整体收购第三极大厦；接收华泰大厦房产。2010年，收购接收区建委大厦，接收区物资总公司、中海拓科技发展总公司、区外贸公司3家企业。同年，超市发国有资产经营公司更名为北京海淀置业集团有限公司，为国有独资企业。公司有经营用房产70余万平方米，含中国技术交易大厦、中关村数字物流港、五道口大厦、泛亚大厦、海淀文化艺术中心等写字楼；有投资企业26家，投资领域有房地产、商业、金融业等。

烟草专卖改革。1996 年 10 月，北京市烟草专卖局海淀分局更名为北京市海淀区烟草专卖局，为区域烟草专卖管理和执法机关。1998 年 9 月海淀烟草有限公司成立，2003 年 4 月更名为海淀烟草公司，与海淀区烟草专卖局合署办公，为区域唯一依法自主经营、独立核算、自负盈亏的国营卷烟批发企业，执行国家烟草专卖零售许可制度，规范许可证发放和监管，宣传烟草专卖法规政策，监督零售店守法经营，将诚信等级纳入烟草管理，对销售大户实行全程监管，推行网上订货。2002 年，全区有效持证户为 5311 户，2010 年为 4583 户。海淀烟草公司成立“打假”协调小组，联合执法，打击卷烟制假、走私行为，取缔非法烟草批发市场。2000—2010 年共查处违法案件 9619 件，查获卷烟 1.66 余亿支，查处案件逐年呈上升趋势。

2006 年查处“1・11”案件，捣毁非法库房 36 个，起获违法卷烟 1093 万余支，依法刑事拘留 9 人。2006—2010 年，破获网络涉烟案件 11 起。1998 年 10 月至 2010 年底，全区共销售卷烟 96.23 万余箱，销售收入 120.98 亿元，实现利润 16.32 亿元，纳税近 22.13 亿元。

1996 年后，海淀区通过商业服务业体制改革，逐步由传统的以销售商品（或服务）种类如百货、副食品、粮油、餐饮、修理等为标准的行业分类，转变为以商业经营形式为标准的经营业态分类，大型购物中心、批发市场、连锁超市、专卖店等大型商业如雨后春笋般应运而生。

制定规划，改建商业设施，扩大市场规模

海淀区委、区政府为了促进商业服务业的发展，全面推进流通现代化，制定商业发展规划，加快商业网点改造建设，全面招商引资，吸引外资和社会资本进入流通领域，扩大市场规模，提升商业形象。发展特色商业、社区商业和便民服务体系，满足全区生产生活和地区居民日益增长的物质文化娱乐需求。

1995 年 12 月，海淀区制定《商业发展“十五”规划》，围绕创建世界一流科技园区建设的中心任务，提出要加快全区商业体制改革和商业结构调整，加速商业经营设施的改造和建设，不断提高商业服务业的服务能力和服务水平，保证全区人民日常生活需要和中关村科技园区建设的需要。

2002 年 8 月，海淀区政府制定《推进流通现代化规划》，确立发展思路、目标和模式，通过大力发展连锁经营、现代物流、电子商务，大力推进区域流通现

代化。

2008 年 1 月，海淀区制定《商业网点布局规划指导意见》，对空间布局与重点项目进行评估，提出加快发展大型商业、特色商业和社区商业的建设意见。

2009 年 11 月，海淀区制定《促进商业服务业发展暂行办法》，确定促进商业服务业发展专项资金，主要用于支持优化调整商业结构项目、完善便民服务体系项目、行业创新项目、人才培训项目、提升商业形象、促进区域经济发展的活动项目要求。

根据区委、区政府的统一部署，全区上下，经过十几年的努力，海淀区一大批大型商业设施相继建成 。1997 年，翠微大厦、超市发集团的泛亚大厦、粮食局的海南大厦、金五星百货批发城建成开业。1999 年，金五星果菜批发市场、太平洋电脑城、海龙大厦开业。2000 年，甘家口大厦、蓝景丽家大钟寺家居广场建成开业。2002 年，金五星电子市场（2004 年，金五星电子市场改造成金五星服装批发市场）、金四季购物中心、中关村数字物流港分别建成投入使用。2003 年，翠微牡丹园店、鼎好电子城开业。2004 年，华宇时尚购物中心、金源时代购物中心、北京爱家国际收藏品交流市场、中关村科贸电子城建成开业。2005 年，永定路商业中心、中发百旺购物中心开业。2006 年，锦绣大地物流港、中关村广场购物中心、新中关购物中心、中关村 e 世界相继开业。2007 年，五道口商业中心、蓝岛金隅百货、枫蓝国际中心相继开业。2008 年，华联上地店开业。2009 年，畅春园食街开业。2010 年，嘉茂购物中心（翠微店）、翠微广场、翠微清河店、华联万柳购物中心、大钟寺国际广场、欧美汇购物中心、圣熙 8 号相继开业。

2010 年，海淀区有商业营业面积 1000 平方米以上的规模商业经营场所 237 家，餐饮企业 5689 家，国家级一级酒家 32 家，美容美发企业 1233 家，沐浴企业 124 家，洗染企业 136 家，农副产品综合市场 58 家，社区再生资源回收站点 318 家，社区便民菜店 94 家，经营面积超过 500 万平方米。形成了消费聚集区、地区商业中心、社区商业、特色商业四大板块，层次分明的新型商业群带和行业齐备、业种多样的现代化商业格局。

商业形象普遍提升，经济效益快速增长，经营理念、营销策略、管理模式、团队精神在新的市场格局和竞争中不断创新、发展，为地区社会稳定和经济发展做出了积极的贡献。

现代流通体系建设

大力发展现代物流。根据《海淀区现代物流产业发展总体战略规划》，引进一批国内知名物流企业到海淀开展业务、推动数字物流信息平台建设、整合区域物流资源。中关村数字物流港、锦绣大地物流港等相继投入使用。神州数码物流平台已拥有1700多家网上用户，年交易额突破40亿元。国图物流已与100多个国家联网，年交易额突破20亿元；海龙数字物流平台已在各大城市推广。北京嘉和嘉事医药物流有限公司基地建筑面积2万平方米，库存品种9000个，年配送能力将达90亿元，2006年被北京市批准为第三方药品物流配送的三家企业之一。超市发物流中心占地面积4万平方米，由主体配送中心和果菜配送中心两部分组成，承担着超市发连锁店的商品配送工作，商品储存量30万件，冷冻食品530个品种，日平均吞吐量约3万件，果菜配送30余万元。每年实现配送额近8亿元，配送件数约800万件，配送果菜近亿元，配送路程约140万公里。送货及时率在99%以上，配送准确率在98%以上，服务满意率在98%以上。麦德龙北京物流中心商品储藏有严格的温度控制，冷冻产品温度保持在-18℃以下，冷藏产品温度在0℃~27℃，水果蔬菜保持在0℃~10℃，每一季度都由第三方公司审核。环京物流公司以第三方物流服务为市场定位，提供仓储、理货、分拣、包装、配送等综合物流服务。企业经营仓储面积达1.5万平方米，运营车辆达500余辆，日运力超过1100吨，配送件数（台数）约1.3万件。物流业务遍布京城，并在天津、秦皇岛设有分支机构，物流业务覆盖华北地区。2008年，该公司承担了2008年北京奥运会、残奥会期间的布草运输工作。2009年，着力构建“大北京地区”物流服务的点—环—网，为乐华梅兰、英迈国际、鄂尔多斯、鲁花等100多家国内外知名客户提供专业化的物流服务。2005年、2006年、2008年，环京物流均被评为中国物流百强企业，先后获全国物流行业先进集体及道路运输百强诚信企业等称号。

全面推广电子商务，根据《国务院办公厅关于搞活流通扩大消费的意见》以及北京市商委《关于促进网上零售业发展的意见》，海淀区政府颁发了《海淀区促进商业服务业发展暂行办法》（海政发〔2008〕52号），为传统零售商业企业在开展电子商务业务领域提供实质性的引导和支持。2009年，以翠微、当代、双安等为代表的海淀大型商业企业率先投入大量人力、物力以及巨额资金，纷纷开设网络商城，开展网上奥特莱斯、网上国际代购等业务，将传统零售企业的触角伸向互联网。在电子商务领域，京东商城、慧聪网、红孩子等一批新型网上零售商业广泛运用计算机、网络通信、多媒体等技术，通过网上开展流通业务，开展了有形市场电子交易、网络营销，使 B2B、B2C 广为运用，网上商店、电话购物、自动售货亭等无店铺购买方式得到普及。慧聪网是国内著名的 B2B 商务平台，1992 年在海淀区成立，注册用户超过 840 万户，买家资源达到 800 万户，覆盖行业 70 余个，拥有员工 2400 名。2003 年 12 月，慧聪网在香港创业板成功上市，成为国内信息服务业及 B2B 电子商务服务业首家上市公司。红孩子网上商城成立于 2004 年 3 月，是一家全国领先的目录多渠道销售企业。在获得国外风险投资后，逐步建立了以客户为中心，以目录及网站为渠道，以行销中心和采购中心、营运中心为体系，以"零售、传媒、物流、金融"为整体的运营模式。2007 年 3 月，在"2007 年度最具投资价值 100 强"评选中，红孩子名列电子商务网站第一名；2007 年 7 月，在中国企业家杂志社的评选中，红孩子获得"2007 年最具成长性的新兴企业"奖杯；2008 年 11 月，在"IT 经理世界"年度评选中，红孩子荣获 2008 年十佳杰出创新企业称号。京东网上商城是中国 B2C 市场最大的 3C 网购专业平台，访问量、点击率、销售量以及业内知名度和影响力在国内 3C 网购平台中均位居前列。京东商城拥有丰富的商品种类，并凭借更具竞争力的价格和逐渐完善的物流配送体系等优势，市场占有率多年稳居行业首位。海淀区电子商务企业具有"企业多，龙头大，覆盖广"的优势特点。全区注册企业万余家，其中注册资本在 500 万元以上的就有 232 家。

努力推进连锁经营。20 世纪 90 年代在区内开始出现连锁经营模式，且发展迅速，至 2010 年，区内零售、医药、餐饮、洗浴、洗染、住宿、美容美发、再生资源回收等行业都出现连锁经营企业。较大的连锁企业有超市发连锁、嘉事堂药业、权金城国际酒店、城乡超市、湘鄂情饭店、翠微百货等。

商圈　特色商业　社区商业

海淀区经过不断深化改革，调整商业服务业行业结构，发展便民商业，完善便民服务体系，构成多元化商业格局，逐步形成四大商圈和一批特色商业街区。

公主坟商圈　东起柳林馆路，西至翠微路，南起新兴桥南，北至玉渊潭南路，总面积 30 余万平方米，是集百货、超市、电子、通信、旅游购物、体育、休憩、娱乐、餐饮于一体的现代商业中心。

中关村商圈　以"中关村电子一条街"为基础，又相继建成中海电子市场、中发电子市场、硅谷电脑城，特别是 1999 年后，地区迅速形成以电子市场为主的商业中心。主要企业有当代商城、双安商场、新中关购物中心、华宇时尚购物中心、中关村广场购物中心、大钟寺国际广场、欧美汇购物中心及海龙电子城、鼎好电子城、科贸电子城、太平洋电脑城、e世界数码广场等14家以电子产品为主的大型卖场，有8000余家商户、5万余名从业人员，IT业企业高度密集。

四季青商圈　主要以占地面积18.2公顷、建筑面积68万平方米、地下地上共7层的金源时代购物中心为主体。是集购物、休闲、娱乐、餐饮于一体的国内超大型购物中心，签约主力店有新燕莎、居然之家、易初莲花、星美国际影城、纸老虎文化广场、红人俱乐部等。商圈还包括四季青桥南的金四季购物中心、凯瑞食府、锦绣大地农副产品市场等大型商业设施。

上地商圈　由中发百旺购物中心和硅谷亮城购物中心构成，是区内北部综合购物中心，主要服务上地信息产业基地及周边地区。

中国海淀图书城　位于中关村西区西北部，为南北向步行街，长220米，建筑面积6.5万平方米，1992年5月1日开业。主要有经营图书音像、文化用品、网吧、餐饮等企业240余家，其中图书文化用品经营网点占50%以上。每日客流量在10万人次以上，多为周边高校学子。2007年，被评为“北京市特色商业街”。

阜成路餐饮精品街　东起西三环航天桥，西至西四环定慧桥，长约3公里。1998年后陆续入驻黎昌海鲜、湘鄂情、金悦、便宜坊、谷美、华宴、新开元、九头鸟、顺峰、泰和顺、佳宁娜、朋和汇、良友、唐人汇等知名饭店酒家，汇聚川菜、粤菜、杭菜、淮菜、湘菜、鄂菜等风味。

花园东路美食街　南起国安剧场，北至四环路志新桥，长600米，汇集民宝、汉拿山、权金城、友人居、大红灯笼等20余家以烧烤、火锅为主的中档餐饮企业。

畅春园食街　位于北四环路海淀桥北。南北长180米，为地上三层、地下两层街区型独栋建筑，面积2.1万平方米，为区内唯一景观街区型商业区。2009年开业，入驻国内外品牌餐饮企业30余家。

爱家国际收藏品市场　位于北三环西路。2004年开业。营业面积3万平方米，设交易大厅6个，有字画、美玉、奇石、水晶、文房四宝、金石篆刻、古典家具、瓷器、油画、邮票、钱币、古玩等收藏品。

北京摄影器材城　位于五棵松北定慧桥畔，为北京最大的摄影器材市场。除经营摄影器材外，亦开展摄影技艺交流和培训。

蓝景丽家家居广场　原为1997年9月开业的大钟寺家居广场，单体面积3.2万平方米，为北京首个家具、建材、家装一体化综合市场。2000年，获评“首都文明市场”。2002年经重组改为现名，并实施二期工程建设，面积达10万平方米。

百旺绿谷汽车园　位于西北旺镇。占地面积13公顷，有12家4S店，销售大众、克莱斯勒、JEEP、道奇、欧宝、沃尔沃、别克、本田、丰田、日产、现代、福特等14款品牌车，提供“一站式”服务。

北京西郊汽配城　位于昆明湖南路51号。占地面积10公顷，设汽车配件厅6个，入驻商户700余家，年营业额约10亿元，获评“首都文明市场”。

大钟寺农副产品批发市场　1986年，由东升乡大钟寺村创办。为全国第一家农民自办的城市大型批发市场，亦为农业部定点批发市场、全国十大批发市场之一。2003年2月28日市场拆迁，2000余家商户迁入锦绣大地农副产品批发市场。

锦绣大地农副产品批发市场　位于阜石路69号。2003年4月开业。建筑面积4万平方米，有5个特色交易区、3座大型冷库、2万平方米仓储区和农产品安全质量检测中心、银行、邮电、商务中心、客户公寓等配套服务设施。2006年建立物流港，为北京各大中型批发市场食用商品源头。2007年，营业额突破100亿元。获“全国绿色零售市场”“农业部定点市场”“中国蔬菜流通协会定点市场”等称号。

天厚绸庄　位于徐庄路52号。为集蚕茧养殖、抽丝工艺演示、传统螺丝设备展示、服装表演、批发零售于一体的丝绸特色市场，经营面积1万平方米，设有260个座位的服装表演大厅。

完善社区便民商业。2005年起，海淀区推进社区商业“双进”（便利消费进社区、便民服务进家庭）和“菜篮子”建设。实施生鲜超市、便利店、早餐、便民菜店、洗衣保洁、再生资源回收6项服务进社区工程；升级改造农副产品市场，至2010年升级改造41家，总面积5.7万平方米；优化菜蔬销售网点布局，在35个超市新增菜蔬销售面积共3000平方米，新建社区便民菜店69个；建立大众浴池7家，缓解平房区居民洗澡难问题；在少数民族居民聚居区的商场、超市增设清真专柜16个，在7所高校设立清真食堂，推出16家清真餐饮示范店，规范清真服务项目39个；对菜店与社区向老弱病残行动不便户送菜上门实施财政补贴；新增早餐、蔬菜、洗染、理发、家政、代收代缴、回收、超市等生活服务店铺近500家，建成市、区两级早餐经营示范店300余家，规范洗染经营店300家。2007年，海淀区被评为全国社区商业“双进工程”先进集体，其“菜篮子”建设模式在北京市推广。至2010年，育新花园、恩济里、阳春新纪元、世纪城西区被评为全国商业示范社区，语言大学、蓟门里等社区被评为北京市商业示范社区。

建立生活必需品市场监测系统，重点监测“五一”、国庆、春节等“黄金周”

期间市场供应，对粮油、肉类、燃油等生活必需品实行市场监测月报，对粮食供求状况进行年度分析。制定物资保障应急预案，与驻区企业签订应急物资供应保障合同。

北京每年举办国际国内重大活动，海淀区均承担商务保障任务。成立商务环境保障指挥部，以“规范、便利、繁荣”为目标，对2000余家大型商场、超市、农副产品市场、特色商业街区及餐饮、美容美发、摄影、旅馆、洗染等行业场所，实施无障碍设施建设，提升改造卫生间、试衣间、橱窗设计、照明、温度、背景音乐等环境；推行刷卡消费，提升服务质量，开展双语（英语、手语）、岗位技能、行业礼仪等培训，重点地区一线员工英语培训率达90%，每个企业有3~5名员工可运用手语交流，当代商城、翠微大厦、双安商场、中关村家乐福、超市发连锁、甘家口大厦、城乡贸易中心等成为英语无障碍店。监管食品安全，圆满完成各项供应任务。

建立行业协会 规范行业自律

1999年9月，成立海淀区商业联合会。设典当、农副产品、家居建材、汽车4个专业委员会和信息中心。办有内刊《商务海淀》和商会网站。开展行业理论研究、行业培训、行业规范、行业自律、行业文明、评奖评优、会展服务、信息咨询、安全生产等；为会员及政府提供招商引资、服务外包、商务考察等平台和服务；承办海淀品牌消费节、海淀汽车消费节、商业职业技能风采大赛等活动。

2003年8月，成立中关村电子产品贸易商会。向商务部提供“中国·中关村电子信息产品指数”电子产品价格资讯，进行行业规范，评比经营示范店，培训IT卖场从业人员，推行IT卖场明码标价，与国际性调研公司合作调研并发布中关村电子贸易行业白皮书，制定中关村IT市场发展规划，举办“中关村IT卖场诚信品牌节”、“4·26”知识产权保护日、开展“中关村品牌1+1工程”（创新+诚信）等活动。

2000年5月，成立海淀区饮服行业协会。会员企业涵盖餐饮、住宿、美容美发、洗浴、洗染、摄影彩扩等行业。向会员企业宣传法律法规和行业政策，提供咨询服务和人力资源、市场营销、服务质量、电子商务等培训，开展行业等级评审，收集提供行业信息，向政府反映企业需求并提出行业发展建议，维护企业合法权益，开展行业交流活动，举办专业技术比赛等。2003年起，每年举办中关村国际美食节。

2000年9月，成立海淀区再生资源回收利用协会，开展法规宣传、行业规范、咨询服务、信息交流、专业培训等活动。持续进行行业整顿，举办规范回收等培训班，配合公安机关，与废旧金属回收从业人员签订“经营承诺书”，评选先进社区收购点、收购员，组织会员业务交流。

开展行业培训，全区商业开展“创建学习型企业、争做知识型员工”活动，实施全行业教育培训，对全区商业员工进行服务、接待、技能英语、手语等多项培训，一线员工英语参训达90%以上；诸多商业企业自设培训中心，开展独立培训。翠微大厦派员赴国外参加国际商务硕士专业培训；鼓励员工参加高等继续教育，嘉奖获得学历证书者，并将其纳入企业人才库；举办企业职业技能竞赛。

海淀区通过全面深化流通领域改革，改革商业服务业管理体制，建立现代企业制度，不断优化资源配置，使商业设施集中度进一步提高，连锁经营方式广为应用，现代物流业快速发展，流通信息化建设成效显著，社区商业服务和再生资源产业链建设形成体系，社会消费品零售额增长迅速。新型市场经济条件下，现代流通产业新格局已经确立。

（2013年7月）

（作者系海淀区政协原秘书长，《北京市海淀区志（1996—2010）》副主编）

海淀区垃圾处理史话

邱如山

人们常说“垃圾是放错了地方的资源”，可是要把这些资源再放回合适的地方就不那么容易了。一个地区垃圾收集、清运和消纳方式的嬗变可以从侧面反映出这个地区社会经济、文化、科技和人民生活的发展与变化。

一

海淀区是从北京和平解放后才设置的行政区域，1952 年正式命名为海淀区。在那之前，海淀地区分属几个县治，除了寥寥几个镇子和清华大学、燕京大学等几所学校外，全都是农村。根据 1949 年的统计资料，海淀区（当时称北平市第十六区）总人口为 19.97 万人，其中农业人口 15.40 万人，非农业人口只有 4.57 万人。这些非农业人口集中居住在几个镇上，其中海淀镇 1800 余户（含工商业 300 余户）、青龙桥 800 余户（含工商业 200 余户）、西苑街 900 余户（含工商业 200 余户）、成府街 1200 余户。

有人居住和生活的地方就会产生垃圾，也就有垃圾处理问题。解放前，农村的垃圾都是自行消化。早期是用作沤肥，自家垃圾沤肥不够用，农民还会赶着马车到附近的集镇上收集。而大的城镇如海淀镇就需要有专人收集和处理垃圾。20 世纪 90 年代区环卫局为了编写《海淀环卫志》，曾邀请老人们回顾历史。据当时尚健在的老清洁工回忆，新中国成立前后，海淀镇有专业清道夫 3 名，每天在老虎洞火神庙点卯、穿号坎，然后上班。清扫范围是海淀镇南大街、西大街、南小街和老虎洞，除负责街面卫生外，兼管上门收取垃圾。那时的垃圾量不大，且成分简单，主要是炉灰、渣土、树叶和厨余垃圾 。居民对环境卫生要求也不高，所以垃圾不是每天收集，尤其是冬天，往往等开春才将各家的积存垃圾收走。这一冬天不少居民会把自家的污水甚至尿液都泼在垃圾堆上，所以那时很少有人用“垃圾”这个词，习惯说“脏土”。这些脏土运到附近的农村，就成为很好的肥料。

清道夫入户取脏土，住户得给点钱物，要是不给，下次就可能从你家门口绕过去。所以这活儿虽然脏点累点，也算“甜活儿”，没门路还干不上呢。

1949 年以前，收运垃圾用的运输工具是人拉的木箱排子车，称作“小土车”，车轱辘也是木头做的。走的都是土路，坎坷不平，拉起来十分沉重，需用绳子套在肩上助力，干久了就落下偏肩的毛病。1950 年，政府把“小土车”从木车轮换成了胶皮车轮，一定程度上减轻了清洁工的劳动强度。之后收集方式也发生了变化，由原来的上门收集改为“摇铃取土”——清洁工在街上摇响铜铃，告诉居民垃圾车已到，各家各户听到铃声就把垃圾拿出来倒在车上。有些住户偷懒，提前把土筐或土盆放在门口，让清洁工自己倒。为此清洁队和居民委员会反复耐心做工作，居民们才慢慢适应。

1950 年 1 月 23 日的北京《新民报》刊登了一篇文章，题目是《清洁队员觉悟提高，革除陋习绝对拒收月钱；住户应一律自备土筐，闻铃倒土》，宣传新社会道德规范。文章说，政府提高了清洁队员的政治觉悟，给他们发薪饷，“他们就坚决不再向市民要月钱及一切勒索行为”，而“各户应注意倒土的铃声，自动地把土拿出来倒”。

后来有些地方设置了露天垃圾站，就是在居民区的一角，做一块硬土地面，砌一圈矮墙，大家把垃圾统一倒在里面，清洁工定时收运，用铁锹装车。这种地方被叫作“地撮站”，这种方式沿用了几十年。有些地撮站就位于胡同口、马路边，实在有碍观瞻，直到 20 世纪 80 年代初才把它们全转移到巷子里。而“摇铃取土”的办法直到 1956 年在西苑、青龙桥、中央党校、成府路、骚子营等地还在使用。

垃圾消纳方式除了沤肥，主要是就近填坑。位于海淀镇泄水湖 1 号的区政府旧址（今中关村西区西北角一带）前边的一个窑坑就是用垃圾填平的。今海淀区南部复兴路北的茂林居一带，原来也有一个大窑坑，附近的垃圾就倒在里面。农民把这些垃圾视为好东西，有时清洁工白天把垃圾倒进坑里，晚上就有农民挖出来运走。而填坑是政府交给清洁队的任务，清洁工制止农民挖运，两者之间还闹过矛盾。

海淀镇的一些犄角旮旯、窄巷深处，经常有人随手倒垃圾，久而久之这些地方成了垃圾堆，常年无人问津。人民政府把环境卫生纳入关乎民生的实事给予高度关注，动员群众开展爱国卫生运动，把这些积存的垃圾陆续清除掉。1949 年 11 月 20 日北京《新民报》登载的一篇题为《爱公共卫生》、署名刘伦的文章写道："大伙齐把街来扫，你来除土，我来挑垃圾，树叶、碎纸都干净了……清洁的街道病菌少。"海淀区爱国卫生运动委员会每年都组织群众开展卫生大扫除。据记载，1952 年进行了 4 次全区性的大扫除，清理积存垃圾 9 万多吨；1953 年又清除颐和园和部分街镇垃圾 9 万多吨，填垫坑沟 1018 处（那时候没有计量工具，垃圾量都是估算出来的，仅供参考，说明数量很大）。

新中国成立后的最初十年是海淀区第一个迅猛发展阶段，也是第一个人口爆炸式增长阶段。根据国家的布局，各军兵种总部和众多国家机关相继落户海淀区南部公主坟至万寿路一带。而在海淀中部地区，则同时新建或迁入十余所大学。新建的有著名的"八大学院"，迁入的有中国人民大学、北京工业学院等。还建起了以中国科学院为龙头的多个科研院所和青云仪器厂等大型企业。到 1959 年，海淀区总人口数突增至 71.22 万人，是 1949 年的 3.57 倍。其中农业人口 13.83 万人，对比 1949 年未增反降近 1.6 万人（因大量土地被征用，这些农民转为城镇居民），而非农业人口达到 57.40 万人，是 1949 年的 12.57 倍。

垃圾产生量与居民数量、经济发展程度和物质生活水平成正比。社会文明程度的提高又带来对环境卫生要求的提升。为了适应环境卫生工作量加大、标准提高的变化，政府做出了多项安排。在人员方面，1952 年将清洁工数量增至 15 人，原来的 3 名已年老的清道夫被替代。1954 年正式成立海淀区清洁队，隶属于区卫生局，编制定为 79 人。后来业务量不断增加，编制不足，就招收临时工进行作业。1957 年清洁队将垃圾清运和道路保洁作业分开，前者为"手车班"，后者为"干路班"。在运输工具方面，1954 年市卫生工程局一次性调配给海淀区捷克产布拉格牌卡车 12 辆用于垃圾运输，但由于当时的垃圾大多用来在市区内填坑垫地，运距很短，加之不少单位的垃圾被周边的农业社承包，用马车拉走积肥，汽车的利用率不高，所以第二年有 9 辆汽车陆续被市里调回，只留下 3 辆。1958 年垃圾清运量加大后，则是由北京市第二清洁车辆场派出车辆协助运输，海淀区出人负责装卸，每辆车配 4 个装卸工。使用汽车收运垃圾的地域范围逐步扩大，从最初的几个集镇发展到学院路、复兴路沿线，再到清河毛纺厂、北太平庄、北下关、羊坊店、八里庄等地，各地区都建起了地撮站。到 1960 年，地撮站基本覆盖城区。但有些地方如沙窝地区机关大院的垃圾这时还是由农村生产队拉走，清洁队没有接管。还有不少街巷狭窄、道路不平的地方，汽车无法进去，垃圾就由街道办事处的保洁员用人力车收集运走。

其后一二十年，国家经历了三年困难时期，不久又爆发了“文化大革命”。清洁队在艰苦条件下积极工作，努力为市民提供良好的生活环境。1965 年搞业务练兵，对垃圾装卸工的要求是用三齿耙刨卸一车垃圾用时 7 分钟；在地撮站装垃圾必须干净利落，站底最后的垃圾必须一锹铲净 ；汽车发动后迅速把工具放到车上，人站在车后脚踏板上手把牢，作业用时少者为优秀。负责垃圾清运的装卸分队设在魏公村，保持在 20 多人的规模，每天按时出车工作（车辆和司机都由市清洁车辆二场派出），收运时间、收运方式延续清洁队成立时制定的办法，没有多少改变和创新。由于都是敞车运输，沿途难免出现遗撒，赶上大风天犹如天女散花，不但造成环境的二次污染，还危及站在车后的工人的身体健康。市里曾要求车辆不得满载，垃圾不能超过槽帮，运输途中盖苫布。但执行不严格，工人嫌操作麻烦，常有偷懒不盖苫布的。

1960 年到 1978 年改革开放前，海淀区的非农业人口数量在 50 万 ~ 60 万上下徘徊（1969—1974 年减少，之后又回升），垃圾总量除了“文化大革命”初期大字报泛滥的那两年外变化不大。但清洁队服务的居民区不断增加。郊区农民在实践中发现垃圾肥料含煤灰过多，长期使用易使土地渣化，逐渐减少并于 20 世纪 70 年代终止了对垃圾肥料的使用。这些垃圾基本都转为清洁队负责清运，寻找市区附近的废坑倒入，填满后用净土简单覆盖。1975 年，海淀区清洁队共收运 365 个垃圾站的垃圾，其中多为地撮站，分布为：海淀街道 63 个、甘家口街道 53 个、万寿路街道 36 个、青龙桥街道 14 个、紫竹院街道 19 个、八里庄街道 15 个、东升街道 8 个、羊坊店街道 59 个、中关村街道 5 个、北太平庄街道 46 个、北下关街道 47 个。

垃圾量增加，城区大小废坑都成了垃圾消纳场，但管理不善，覆盖又不及时，相当于垃圾搬家，杂乱无序，污染环境。为控制不时出现的垃圾乱倒乱卸现象，市卫生委员会出面进行干涉。1961 年，指定阜成门外马神庙西头路南的大坑和新街口豁口外明光寺路南的大坑作为西城区与海淀区的垃圾渣土消纳场，要求须将垃圾消往此处，禁止乱卸乱倒。当年 9 月 20 日的《北京日报》还登载了这个消息。这两个地点填满之后，海淀区清洁队用过的垃圾消纳点还有大钟寺、蓝靛厂、小瓦窑、莲花池、祁家豁子等地。

城乡接合部的一些地区管理难度大，常会出现乱堆乱弃垃圾的现象。清洁队人手有限，对于一些卫生死角的无主积存垃圾，主要由街道办事处和人民公社组织群众通过开展爱国卫生运动来解决，清洁队予以配合。仅1963年一年内，全区就清除积存垃圾、炉渣、房渣土2.5万多吨，其中北京石油学院清除了1000多吨垃圾。玉渊潭公社九家坟生产队有3个卫生突击小组，负责清理街道零星垃圾和牲畜粪肥，既维护了环境卫生，又支援了田地用肥，社员们积极性很高。

1969年9月19日，清洁队由卫生局改隶城建局管辖。同年，有20多名因家庭困难经批准可以不去农村插队的初高中毕业生进入清洁队当工人，其中大部分被安排在道路保洁岗位，有几个男青年做了垃圾装卸工。后来这些人大部分调离，剩下的几个成为环卫局的管理骨干。1973年3月，清洁队又将46名临时工转为正式工人。到1976年，清洁队已有职工221人。次年，又从各街道招收正式工人20名、集体所有制工人74名，清洁队不断壮大。

二

1978年4月21日，中共海淀区委根据市里精神，以海发〔1978〕第48号文件下发通知，决定将清洁队升格，脱离建设局建制，成立海淀区环境卫生局。其时距“文化大革命”结束不到两年，各项工作刚刚重上正轨，在千头万绪的工作中优先做出这个决定，足以说明党和政府对环境卫生工作的高度重视。1980年3月20日，市政府办公厅又下文将各区环境卫生局更名为环境卫生管理局（仍简称环卫局），旨在加强对市容环境卫生的统一领导和管理。

海淀区环卫局成立时有职工403人，下设4个作业队，为财政全额拨款事业单位。其中，1队、2队负责干路保洁，3队负责垃圾收集和运输，4队负责公共厕所管理。随着业务量加大和业务质量要求的提高，职工数量逐年增加，1982年突破千人，到1990年正式职工数已达到1556人，其中负责垃圾清运的2个队有正式职工400余人。

改革开放后，由于“上山下乡”的知青和其他落实政策人员大量返城、众多大专院校扩大招生、日益活跃的经济活动尤其是中关村科技园区的建设发展等原因，人们从四面八方急遽向海淀区汇集。1980年时海淀区总人口为92.91万人，其中非农业人口74.66万人；1990年总人口增加到129.96万人，其中非农业人口增加到113.83万人；到了2000年，这两个数字分别变成了161.65万人和149.37万人，而常住人口（即户籍人口加户口在外地但在本地居住一年以上的人）更是达到了224.01万人。而且，由于居民的物质消费水平不断提高，人均产生的垃圾量也大幅增加。

面对垃圾量骤增的局面，为了提高市容环境水平，打造文明整洁的城市形象，政府持续加大投入，环卫部门采取了一系列应对措施。

首先，是在垃圾收集环节上做出改变。

当时大多数居民区垃圾收集采用的是露天地撮站方式，每到夏天秽气弥漫，污水遍地，蚊蝇滋生；环卫工人用铁锹装车，劳动强度大，工作效率低。沙窝地区的一些机关大院用的是墙上垃圾箱方式，即在围墙上高约两米处倾斜嵌入一活动门式铁箱，在院内倒入垃圾，在院外装车，拉开活动门，垃圾自动流入车厢；还有一种垃圾台方式，是将垃圾箱置于一高台（高于汽车槽帮）上，用机械翻动垃圾箱装车。两种方式在装车过程中都难以避免产生扬尘和垃圾撒落的情况。1983 年，北京市推行垃圾收运容器化，使用带盖垃圾桶和专用车辆，装车时可操作机械将垃圾桶拉升并倾斜，桶盖自动打开，把垃圾倒入车内。市里要求各区县在具备条件的地方将地撮站逐步改为桶站。到 1986 年，全区已有垃圾桶 1680 个，垃圾桶站 222 个，同时还保留有地撮站 627 个、垃圾台 158 个。试行一段时间后，桶站方式并未得到普遍认可，原因是：常有居民把垃圾随手扔在桶外；还有拾荒者不时光顾，翻动垃圾，弄得一片狼藉；垃圾高产而又因故没有得到及时清运时，垃圾桶满得盖子都盖不上，“敞着盖儿，冒着尖儿，地上一大摊儿”，脏乱现象频现。装车时扬尘和遗撒的情况也未见明显改观。

1986 年，市里牵头，海淀区环卫局积极跟进配合，探索更环保、更便捷的垃圾收运方式。同年 10 月，第一座密闭式集装箱垃圾站在双榆树小区投入试运行。这种垃圾站首次将垃圾收集从露天改为室内，在车间里设一个带排水系统的地坑，把垃圾集装箱卧于坑内，箱面与地面持平，箱面和一侧均设有活动门。每天，各小区保洁员把用小车收集的垃圾倒入箱内，专用运输车定时开入，用梁式起重机将集装箱吊到车上，固定好后运走。到达消纳场后打开集装箱后面的门，利用车上的液压泵自动卸车。这种方式实现了整个垃圾收集和运输过程的密闭化，环卫工人从此再也不用使用铁锹装垃圾，同时杜绝了运输途中的扬尘和遗撒；垃圾站设专人管理，有严格的卫生标准，从而大幅提升了居民区周边的环境状况。

由于要进卡车和安装起吊装置，这种垃圾站的高度大约相当于二层楼，因“密闭式集装箱清洁站”这个名称太长，后来大家习惯称这种垃圾站为“垃圾楼”。

相对于过去的垃圾清运方式，垃圾楼的出现是革命性变化，它使得整个垃圾收运过程实现安全、卫生、便捷、有序，得到普遍认可和广泛好评。海淀区环卫局本着“能建则建”的原则迅速推广该方式。1987 年，海淀区建起 11 座垃圾楼。

之后的统计数字是：1990年共有73座，2000年共有227座，2010年共有265座。凡建起垃圾楼的地方，一平方公里服务区域内的其他垃圾站一律撤除。到2010年，垃圾台全部撤除，地撮站撤除575座，仅保留36座，保留地撮站是因为部分地区建设垃圾楼的选址问题难以解决。基建人员解释其原因是："街道、社区都想建垃圾楼，可建谁家旁边谁都不干。"后来有些地方改为桶站，用能够自动装卸的密闭式压缩车清运。还有一些机关单位因为顾虑产权问题，自愿出资建设垃圾楼，由环卫局负责清运垃圾。2000年，又在后八家村建起第一座压缩式密闭清洁站，对集装箱内垃圾压缩后再启运。这种垃圾楼使单车运量成倍增加，缓解了垃圾高产区域的运输压力。到2010年，全区共建有这种垃圾楼54座。

其次，是提高运输能力和效率。

1978年海淀区环卫局成立时市里下拨20辆BJ130卡车作为垃圾运输车。之后在接管原由街道办事处管理的垃圾站时接管了他们原来使用的车辆（也是BJ130卡车）10余辆。1980年以后，垃圾量和垃圾站点逐年增加，消纳场所越来越远，对作业过程的质量要求越来越高。市里对运输环节提出的考核标准是：垃圾日产日清，车走站净，不丢站甩段，沿途不遗撒。要达到这样的要求，原有车辆的数量和性能都不足。"工欲善其事，必先利其器"，区政府为提高环卫作业水平，每年投入大量资金购置车辆。

1987年9月，北京市环卫局决定，市清洁车辆二场不再清运海淀垃圾，将这部分车辆和人员下放到区里管理。海淀区在其基础上成立五队，自此海淀区就有了2个垃圾清运专业队，分别负责区境南部和北部城区的垃圾清运。这两个队的正式职工编制为各250人左右，又都招收了200名以上的临时工。各配备东风牌、解放牌4吨卡车200余辆。队部分别设在南部的五路居和北部的八家村，队部都设有大型停车场。为解决这些车辆的维修保养问题，环卫局组建了自己的汽车修理厂；为解决供应油料问题，又组建了自己的加油站。

1990年以后，垃圾消纳场所逐渐向海淀区北部农村地区转移；后来区境内已无合适的地域，便把目光投向了昌平。从海淀城区到昌平境内的消纳场往返一趟的运距动辄70～80公里，有些地点甚至达到百公里以上。用4吨的清运车直消，效率低且成本高。海淀区环卫局经反复分析研讨并经区政府批准，决定采取转运流程，即选择到各个方向的消纳场运距适中的地点建一座垃圾转运站，把从各垃圾楼清运出的垃圾集中到这里，换成大车运往消纳场。为此组建了大车队，购置了载重量19.5吨的斯太尔牌和红岩牌自卸卡车共60辆。60辆橘红色的大型卡车整整齐齐排列在停车场上，威风凛凛，彰显出海淀区的雄厚实力。有了车，司机紧缺，又从山东菏泽招收了一批临时工司机。后来，这批司机中有些人在海淀环卫局一干就是一二十年，有的甚至至今没有离开。

垃圾转运站设在五路居，是一块面积20余亩的场地。白天清运车辆把垃圾卸在这里，夜间大车出动，再从这里把垃圾转运到消纳场。由于是露天堆放垃圾，释放臭味在所难免，夏天尤甚。值得记一笔的是，相距不远的一个大院里是海淀环卫局的停车场、汽车修理厂和单身宿舍，住在那里的年轻人里有一批局里新招收的大学毕业生，他们虽深受其扰，但知道这种情况不可避免，因此少有怨言。如今他们已是中年，都成了各单位的骨干，其中有几人已成长为处级、局级领导干部。他们说起来还对那段日子记忆犹新。武警十六支队驻地也在附近，也曾受到臭味侵扰，但他们和海淀环卫局是军民共建单位，还有转业军人和随军家属在环卫局工作，对垃圾处理的难处也给予了充分理解，从未责难。好在当时这里还是城乡接合部，其他居民不多。直到1999年配合六里屯垃圾卫生填埋场建设，在这块地基上建起了大型密闭式垃圾转运站，状况才发生了根本性的改变。

改革开放后，随着经济建设加速和人民生活水平的提高，垃圾构成也发生了历史性转变。改革开放前的几十年里，城市生活垃圾中占到70%以上的主要成分是煤灰、炉渣等。现在这种情况得到彻底改变，首先是家家户户做饭的热源由煤炉陆续改为了燃气灶，接着取暖锅炉和工业锅炉也都在政府的统一要求下由燃煤改成了燃油或燃气。到20世纪末，这一改造基本完成，煤灰已从海淀垃圾成分中退出。而塑料从无到有、从少到多，成为垃圾的一种重要成分。过去人们舍不得丢弃的可以用来换钱的物品，如废纸、金属、旧衣物等也越来越多。过去的厨余垃圾几乎全部是食材的下脚料，现在出现了大量的残羹剩饭和过期食品。所以虽然没有了炉灰，人均垃圾量却不降反增。20世纪90年代初，海淀区环卫科研所就开始对区境垃圾成分做抽样调查分析，当时的状况是：灰土占30%左右，厨余垃圾占40%左右，塑料约占8%，纸类约占7%，其余则是金属、玻璃、木草、旧衣物等。值得注意的是，从这时起，电池、废灯管、过期药品等有害成分也较多出现在垃圾中。

从2004年开始，海淀区环境卫生科学研究所依据相关标准，对不同来源的生活垃圾不间断进行样品采集，对其组分进行严格的检测分析，积累了大量数据，为环卫事业的发展提供了技术支持。其中，2004—2009年海淀区生活垃圾组分检测数据及分析如下（表中数字均为所占垃圾总量的百分比）。

2004—2009 年海淀区生活垃圾组分表

表 2 **单位：%**

年份	来源	厨余	草木	灰土	砖瓦	陶瓷	可回收物								污染物
							纸类	塑料	橡胶	皮革	织物	玻璃	金属	小结	
2004	城区	61.13	3.36	3.92	0.00	0.00	11.30	13.63	0.01	0.00	4.28	1.60	0.64	31.46	0.12
	农村地区	61.25	2.29	16.26	1.56	0.55	7.02	7.89	0.05	0.00	1.57	0.48	0.19	17.20	0.88
2005	城区	65.46	0.95	2.55	1.57	0.79	10.90	15.89	0.00	0.00	0.13	1.39	0.31	28.62	0.05
	农村地区	62.39	1.18	18.69	0.00	1.43	7.00	7.75	0.00	0.00	1.20	0.00	0.25	16.20	0.09
2006	城区	64.78	0.98	0.60	0.52	0.38	11.50	16.89	0.16	0.37	2.55	0.98	0.22	32.67	0.07
	农村地区	63.24	1.46	16.06	0.69	0.46	7.23	7.38	0.37	0.42	2.07	0.37	0.21	18.05	0.04
2007	城区	58.34	1.66	1.70	0.03	3.71	13.78	15.51	0.42	0.08	2.05	2.45	0.25	34.54	0.02
	农村地区	56.80	7.55	15.39	3.76	1.03	5.65	7.10	0.18	0.04	1.36	0.78	0.32	15.43	0.05
2008	城区	55.20	0.92	2.16	0.43	1.97	13.74	18.38	0.00	0.00	5.09	1.47	0.54	39.22	0.10
	农村地区	57.93	1.47	21.18	1.49	1.70	5.51	7.89	0.22	0.31	1.27	0.80	0.21	16.21	0.02
2009	城区	63.70	4.66	2.79	3.01	0.48	9.13	11.41	0.00	0.00	0.88	2.34	0.40	24.16	1.2
	农村地区	63.92	1.52	12.07	2.13	1.12	7.80	9.33	0.01	0.00	1.77	0.13	0.17	19.21	0.03

关于海淀区垃圾成分及其发展变化趋势和地域性、季节性特点的调查分析，对有针对性地选择垃圾处理方式提供了重要的科学决策依据。

三

垃圾消纳是垃圾处理的最后环节，也是最关键、最困难、最容易出现问题的环节，一旦受阻，清运流程就全部停滞。从 20 世纪 80 年代开始，随着人口密度的加大和垃圾量的激增，以填埋为唯一处理方式的海淀垃圾在消纳方面遇到重重困难。

1985 年夏天，海淀区经历了一次“垃圾危机”。时值 7 月，正是垃圾最易腐烂变质污染环境的季节，又是垃圾产生的高峰时段。运行中的西三旗和厢黄旗两个消纳场同时宣告爆满，无法再接纳新垃圾。事发突然，各方面准备不足，垃圾清运停摆。市、区两级环卫部门紧急出动寻找新的消纳场，势同救火。整整 6 天，海淀城区的垃圾未能运走，各个垃圾站一片狼藉。最为严重的是铁家坟、万寿路、羊坊店、甘家口小树林、八里庄玲珑巷等地，道路上堆满垃圾，交通受阻，路人只能踩着垃圾行走，中国农业大学东墙外堆起一座垃圾山，舆论哗然。6天以后，市里批准海淀垃圾消往永丰乡屯佃村，垃圾清运才得以重启。当时海淀区每天的垃圾产生量在1500吨左右，6天未清就有近万吨垃圾堆在了大街上。为清理这些垃圾，海淀区各驻军单位出动大批官兵协助环卫工人昼夜突击，用了一个星期的时间才把积存垃圾基本清理干净，被垃圾阻断的交通才恢复正常。

1982年6月，市政府第24次办公会议研究解决垃圾消纳问题时决定，在郊区建设4个垃圾堆放场。其中一个位于海淀区苏家坨乡的三星庄，计划征地98.7亩，建筑面积300平方米，建成后由海淀区环卫局管理。1987年，三星庄垃圾堆放场投入使用，但容量有限，如果垃圾只进不出，用不了多少时间便会装满，其作用是在一时找不到合适的消纳地点时使垃圾有处可存，解决燃眉之急。建成当年就开始堆放垃圾，一般是夏天从各个垃圾站运来存入，冬天再用大车拉走填埋。但因为消纳场难找和运力紧张的原因，这里从投入使用后就没有被清光过，常年堆放着几十吨垃圾。

1986年，海淀乡肖家河村利用300亩洼地建立垃圾消纳场，自行管理，环卫局在此倾倒垃圾并给予经济补偿。这个消纳场用了五六年，在1990年亚运会期间，为了保障安全，区政府决定将其交由环卫局规范管理。该消纳场1992年填满停用。

之后，在海淀北部的冷泉、白家疃、白水洼、北安河等地的坑里都短期填埋过一些垃圾。寻找垃圾坑成了海淀环卫局的一项重要业务。海淀范围内找不到了，在市里建议下，海淀环卫局又把目光移向昌平县域。在昌平县先后找了几个消纳地点，但除路途遥远外，还接连有意外情况发生，被迫频繁转场，业务人员疲于应付。1994年，海淀垃圾在运往昌平县东小口消纳时，屡次被城管人员拦截，以沿途遗撒为由罚款，区环卫局只得连夜派人前往协调。1995年，设在昌平阳坊的消纳场发生沼气爆炸事故，导致该场立即关闭。1996年在昌平霍营消纳垃圾期间，当地村民在村干部怂恿下拦截海淀垃圾车，索要额外经济补偿。海淀环卫局迫不得已趁夜间悄悄撤出场内的推土机、铲车等作业机械，关闭该场。

面对如此困境，为了避免出现垃圾无处可去的尴尬局面，海淀区政府花费大量时间和精力寻求解决方案。1995年，区政府圈定了一块垃圾处理场地。此地位于上庄乡，海淀与昌平边界的海淀一侧，面积240亩，为西郊农场饲料用地。区政府将这块地以每亩5万元的价格征用，在完成征地、规划手续后交给区环卫局，拟暂时用于堆放垃圾，期待将来在这里对垃圾进行综合处理，即通过分拣、筛选，对垃圾中的各种可回收成分实现再利用，最后将筛下物制成肥料。所以环卫局把这个地方命名为上庄积肥站。

上庄积肥站从 1996 年春天开始建设，通水通电、建办公用房和围墙、平整土地、接通道路，当年 11 月建成并投入使用，开始堆放垃圾。至第二年五六月，已运进垃圾三四十万吨。

1997 年 7 月 4 日晚上，垃圾转运车在行驶到上庄积肥站路口时，突然遇到多人围堵拦截。前车被拦，后车浑然不知继续跟进，造成 41 辆满载垃圾的大型卡车依次停靠在并不宽敞的沙阳（沙河—阳坊）路上，动弹不得。海淀环卫局领导闻讯立即赶到现场。经交涉，得知对方是昌平居民，主要来自北京市第一通用机械厂和地质调查研究所的家属院。据他们说，其宿舍区在上庄积肥站以东昌平一侧，自入夏以来，积肥站的气味向东飘移，使得那里臭气熏天，白天不敢开窗，夜间难以入眠，蚊虫也比往年显著增多，生活受到很大困扰。其拦车目的简单明了——不得再往上庄积肥站运送垃圾。环卫局领导耐心说明海淀区垃圾处理的现状，保证采取措施抑制臭味。对方不为所动，双方陷入僵持。

天亮以后，41 辆大车停在路边，虽然盖着苫布，垃圾在烈日烤灼下依然散发着恶臭；渗滤液顺着车槽滴落，地上污水流淌。司机们伫立车旁，满脸疲惫。更令人担忧的是城里的情况，若上庄积肥站关闭，海淀垃圾必须立即找到出路，1985 年那一幕不能重演。十几年过去了，城市环境卫生标准和市民的环保意识都和当年大不相同，一旦垃圾塞道，秽气弥街，将是天大的负面新闻。

兹事体大，海淀环卫局自知已无力解决，赶快向区政府和市有关部门汇报。市、区主管领导高度重视，亲自到现场参与处理。第一急务是为垃圾寻找临时消纳地点。经研究决定：将车上垃圾运往三星庄堆放场，但因那里已存放了 30 万吨垃圾，续存能力有限，所以在问题解决前大部分新产垃圾只能暂由市属阿苏卫垃圾卫生填埋场接收。这个填埋场位于昌平东北部，1994 年建成投入使用，是北京市当时唯一一座高标准垃圾填埋场，设计有渗漏防护、渗滤液处理、沼气收集等系统。该填埋场本是为消纳东城、西城两区的垃圾而建（二环内城四区的垃圾一直由市里负责清运），现在要再接纳海淀的垃圾，将大幅超出每天的消纳量，势必给该场造成管理困难。但箭在弦上，别无选择。

与此同时，市、区主管领导和围堵垃圾车辆的群众代表座谈交流，表示理解他们的诉求，承诺暂停向上庄积肥站运送垃圾。围车群众听了领导承诺，又看到路边的车辆纷纷掉头驶离，才陆续离开。

停运以后，海淀环卫局对上庄积肥站内的积存垃圾采取喷洒杀虫药和除臭剂、用一米厚的净土覆盖等措施做了处理，并自认为有明显效果。

从海淀到阿苏卫垃圾卫生填埋场往返距离100多公里，垃圾车虽是夜间行驶，有时途中也并不顺畅。按照垃圾日产日清的要求和海淀环卫局的运力，每辆车每天夜间必须往返三趟才能完成任务。每天三百多公里的行驶里程，又要确保交通安全，司机和车管人员及领导一刻也不敢松懈，上上下下都觉得这样不是长久之计。

半个多月后，看到周边臭味渐弱，附近居民归于平静，海淀环卫局于7月23日试图重新启用上庄积肥站，同时安排工人严格执行除臭操作流程，每天用净土覆盖新鲜垃圾。但好景不长，8月7日垃圾车再次被拦截。这次参与拦截的人更多，情绪更激愤，组织更严密。他们在进入积肥站的道路上搭了帐篷，24小时排班值守，坚决不让垃圾车通过。因预料到这种情况有可能出现，海淀环卫局做有预案，后面的车辆得到消息后中途赶快返回，现场只留了几辆车与拦车人对峙，垃圾继续运往阿苏卫。为维持秩序，公安民警也到了现场。市、区主管领导再次出面和他们座谈，最后代表政府表示理解他们的诉求，宣布即日起关闭上庄积肥站。双方僵持了11天，8月18日拦车人员撤离。

政府言出必行，从此上庄积肥站没有再进过垃圾。此后直到1999年六里屯垃圾卫生填埋场建成，海淀垃圾一直由市属填埋场协助消纳。1998年，为缓解阿苏卫填埋场的压力，经市环卫局协调，在昌平南流村找了一处临时消纳场，但只运了两天，就被村民阻拦在村外不准卸车，态度坚决，没有妥协的余地，只得停止消纳。而事先预付的几十万元补偿款也打了水漂。同年，为缩短向阿苏卫转运的路程，海淀区在本区东北部马坊村建了一个临时垃圾转运站，也曾因散发臭味被村民拦车，但经民警疏导和东升乡领导耐心做工作，问题得以解决。这时又一市属高标准垃圾填埋场——位于大兴的安定垃圾卫生填埋场投入使用，海淀一部分垃圾又转往安定消纳，往返运距也在100公里以上。

上庄积肥站停用以后，中国科学院工程热物理研究所和海淀环卫局合作进行垃圾焚烧实验。因这里既有场地又有积存垃圾的便利条件，便在这里建了一座小型垃圾焚烧炉，采用流化床技术，日处理垃圾能力为100吨。两年后厂房建成，设备安装就绪，试运转期间共焚烧垃圾约3000吨。但因其规模太小，对于海淀每天产生的2000多吨垃圾来说如杯水车薪，而维持运转又需要不菲的经费，所以后来就一直停炉闲置。2003 年 3 月，北京发生非典型性肺炎，4 月中旬海淀环卫局接到处理北医三院等 4 所收治“非典”病人医院医疗垃圾的紧急任务，一面暂时将产生的医疗垃圾运往朝阳区的高安屯垃圾焚烧场，一面在中科院工程热物理研究所的帮助下，对上庄积肥站焚烧炉实施简单的维修改造，同时组建队伍，几天后开始焚烧“非典”垃圾。市清洁车辆二场同时接到处理宣武区医疗垃圾的任务，苦于没有焚烧地点，向海淀环卫局求援。当年海淀垃圾遇到消纳危机时，市清洁车辆二场属下的安定垃圾卫生填埋场曾大力相助，这次海淀投桃报李，也帮了他们一把。从 4 月中旬到 6 月中旬两个月，在上庄积肥站共焚烧“非典”医疗垃圾 514 吨。

四

多年间“打一枪换一个地方”的垃圾游击战，使海淀区政府及环卫局疲于应付，深受其累。而且随着环保观念的增强，大家都意识到过去那种“找到坑就倒”的简易填埋方式危害极大，除了极易发生堆体坍塌、沼气爆燃事故外，更严重的是在未做任何防护的地面上大量倾倒垃圾，垃圾中的病菌和各种有害物质可能随着渗滤液渗入地表，污染地下水，形成难以挽回的生态破坏。这种原始的垃圾处理方式和海淀区科技文化大区的形象极不相称。所以从 20 世纪 90 年代初开始，区政府下决心建设正规垃圾填埋场。

海淀区环卫局组成专门办公室负责此项工作。经反复勘察权衡，1994 年将场址选定在海淀北部永丰乡六里屯村的西侧。此地有一个方圆 40 多公顷的大坑，是北京市金隅集团属下的西六建材公司多年取土制砖形成的（西六建材公司在坑南）。周边主要是农田和六里屯、屯佃几个村庄。1995 年，市环保局通过项目环评，同意在此处建设垃圾填埋场，但环评报告中指出：“今后界外 500 米内不宜兴建永久居住设施。”接着完成征地、立项，确定由北京市市政工程设计总院承担设计，市政第六公司负责施工。

工程占地 46.53 公顷，填埋区容积 1245 万立方米（地下 26 米、地上 24 米），设计日填埋垃圾量为 1500 吨。分为两期建设：一期工程投资 1.7 亿元，在坑的东半部铺设垃圾填埋区，同时完成水电、场内道路、办公区、渗滤液处理设施等建设；二期工程铺设坑西部填埋区。一期工程于 1998 年夏天破土动工，1999 年秋天完工。

这个项目全名是六里屯垃圾卫生填埋场（后文简称六里屯填埋场）。“卫生”

两字表明它不同于以往的简易填埋场，区别在于它有完备的管控污染设施、严格的填埋工艺和现代化的管理手段：在设施方面，一是因地下水水位较高，采用锚杆喷浆工艺防止地下水涌出，并安装导排系统；二是填埋区在坑底和边坡均先铺设700毫米厚的黏土，然后全面覆盖2毫米厚的高密度聚乙烯膜，膜接缝处用热压技术黏合，确保无渗漏；三是在防渗膜上面敷设渗滤液导排管，在坑边安装提升泵，经导排收集和提升入渠，将渗滤液送到污水处理区进行净化处理；四是用石笼包裹ABS工程塑料管敷设气体导排系统，将垃圾发酵过程中产生的沼气导出；五是建有日处理能力400吨，采用厌氧、好氧活性污泥处理工艺的渗滤液净化设施。此外，在坑口设置1.8米高的护网防止大风将轻体垃圾吹散，在坑边设明渠导排雨水。在填埋工艺方面，运行流程为称重—填埋—覆土—压实—覆膜。每台垃圾车进场先通过地泵称重，电脑自动记录垃圾重量（此前不具备这种条件，统计垃圾运量只能按车的载重量计算，但多数车辆不可能满载，数字存在较大误差，故历年统计表中的每个报告期的垃圾消纳量多于实际消纳量。此后统计数则是准确数字）。每天的垃圾全部运进后必须以净土覆盖，用从芬兰进口的专用压实机压实。填埋区分为若干单元，除正在作业的局部外，其他区域一律用高密度聚乙烯膜覆盖，不得裸露。在管理方面，有严格的操作规范和安全制度，在称重区、填埋区、污水池等要害部位均设有摄像头，在办公室就能观察到各处的运行情况。

与六里屯填埋场同时配套开建、先后竣工的五路居转运站，位于西四环路四季青桥东南的五路居，占地面积1.65公顷，是国内当时最先进的大型垃圾转运站。它实现了垃圾从清运车进到转运车出的全程密闭化，从外面看不出垃圾的痕迹，最大限度地抑制了臭味的扩散。操作人员也不接触垃圾，通过屏幕和电脑操控垃圾通过压缩装入集装箱的运行过程。安装有三台垃圾压缩机，保持两台工作，一台停机保养，轮流使用。配备22台载重量为25吨的集装箱式垃圾转运车，内装液压推板，到填埋场后自动卸车。该车长18米、高3.84米，因高度和转弯半径的限制，事先通过几次实地考察，并和海淀交通支队沟通，才确定了从五路居到六里屯的行驶路线。此外，垃圾车滴洒渗滤液是个老问题，尤其是夏天，果菜汁液及雨水造成的垃圾中的水分占到30%，而集装箱不可能做到完全密封，运输途中往往污染道路。在这种大车上，技术人员加装了收集装置，让渗滤液通过管道流到底盘上安装的一个铁箱里，到填埋场后再放出，效果良好。

六里屯填埋场是北京市第四座（另三座分别在昌平区阿苏卫、通州区北神树和大兴区安定，由市环卫局管辖），也是唯一的区属垃圾卫生填埋场。它的建成是北京市的一件大事，受到市委、市政府高度重视。1999 年 9 月 25 日的竣工仪式，北京市委书记贾庆林、市长刘淇、副市长汪光焘，海淀区委书记朱善璐、区长李进山等到现场祝贺，在汪光焘、李进山讲话和剪彩仪式结束后，各位领导兴致勃勃地来到填埋区，贾庆林书记挥动小旗，指挥大型垃圾集装箱转运车卸下了第一车垃圾。

六里屯填埋场一期工程投入使用后，2001 年 4 月二期工程开建，2002 年 6 月竣工。

六里屯填埋场的建成使海淀区的垃圾有了稳定的归宿地，“游击队”变成“正规军”，再不用提心吊胆和到处求人了。垃圾转运从夜间改为白天作业，安全系数大大提高。海淀环卫局举全局之力，从各个单位抽调人才，又招收了多名大学本科生和研究生，努力打造高水平的管理和技术队伍，保障填埋场正常运行。建成初期的几年里，这支队伍不负众望，和阿苏卫、安定以及国内其他填埋场广泛交流，虚心学习，积累经验，各方面工作有条不紊。2000 年六里屯填埋场被评为国家甲级填埋场，还获得了英国 UKAS（英国皇家认可委员会，是国际权威环境管理体系认证机构）的认证证书。

海淀区垃圾产生量逐年递增。启用后不久，六里屯填埋场就超负荷运行。每天的垃圾处理量按设计是 1500 吨，但 2001 年日均填埋量为 1926 吨，高峰期达到 2200~2500 吨。这给清运、转运尤其是最后的处理带来许多困难。海淀环卫局积极应对，采取了一系列措施：严格执行填埋工艺；实施雨污分流工程以减少雨水和地表水进入垃圾，降低渗滤液产生量；把渗滤液处理能力提高到 600 吨 / 天；展开沼气收集利用项目的后续工作等。

2002 年环卫局改制为事业单位，更名为环境卫生服务中心，简称环卫中心，不再承担管理职能。但作业单位的隶属关系未变，六里屯填埋场仍归环卫中心领导。

进入 21 世纪后，海淀区发展进一步加快，形势发生巨大变化。中关村科技园区向山后农村拓展，土地改为城市规划用地，寸土寸金。在六里屯填埋场的东北部建起了著名的用友公司总部，在东南方向陆续建起了百旺茉莉园、秋露园、中海枫莲山庄等中高档小区，直线距离都不超过 1000 米。而此时六里屯填埋场经过几年运作，已填入大量垃圾，作业面已出地平，开始堆山。虽然采取了多种防护手段，但作为垃圾场没有一点臭味是不可能的。冬天刮起西北风，就有臭味飘向东南方那些小区，居民颇有怨言，不时有人在网上或到填埋场门口指责。为缓和情绪，填埋场做了许多安抚工作，包括用电话和借助互联网与他们交流解释，安排居民代表到填埋场参观，给他们讲解垃圾处理的工艺流程和已采取的各项防污染措施。大部分居民通情达理，一时无大事。

2006 年，区政府决定启动垃圾焚烧项目。这是早在 1999 年六里屯填埋场刚开始运行时就在谋划当中的。采用填埋法处理垃圾终不是长久之计，六里屯填埋场预计使用 18 年，由于超负荷运行，很可能提前封场。在海淀区范围内无法再找到这样的场地。根据对世界上垃圾处理方式的了解和海淀区实际情况的研究，建设垃圾焚烧发电厂是唯一可行的方案。六里屯南边的一块空地是焚烧发电厂的预留地，为通过环评，环卫中心在筹备阶段（后来区里专门成立了绿海能环保有限公司接管这项工作）曾邀请永丰乡领导和周边村民代表座谈并去上海参观那里的垃圾焚烧厂，就其污染可控达成共识。但今非昔比，附近的人口构成和密度都发生了变化。中海枫莲山庄的一些业主听到消息后反映强烈，采用各种方式与几个小区的居民沟通，以焚烧垃圾产生的烟气含有二噁英等致癌物为由联合起来反对在这里建厂。他们给市、区政府写信，邀请记者采访，在自媒体上发文，还在小区门口拉起了横幅。有些居民又迁怒于垃圾填埋场，聚众到垃圾填埋场门口试图阻拦垃圾转运车进场。环卫中心领导闻讯赶到，一面向区政府报告，一面耐心做工作，力图将矛盾化解在萌芽状态。此事最后以政府宣布垃圾焚烧场另行选址而平息。

2013 年，六里屯填埋场从区环卫中心脱离，归属区市政管委直接领导。光阴荏苒，填埋场至此时已运行十多年，即将完成历史使命。垃圾堆体高出地面 20 余米，管理难度加大，需一面消纳垃圾，一面整治臭味和渗滤液，同时做封场前的准备，包括边坡保护、对停止填埋垃圾区域封盖绿化等。区政府每年投入数千万元，累计金额远远超过建场投资。

经重新选址，确定在苏家坨镇大工村建垃圾焚烧发电厂。审批虽也颇费周折，但终获通过。2013 年 6 月垃圾焚烧发电厂主体建设开工，2016 年建成并开始试运行。海淀区垃圾陆续转往大工村消纳后，2018 年 1 月 3 日六里屯填埋场正式关闭，进行封场工作。但因大工村垃圾焚烧发电厂满负荷垃圾消纳量仅为 2100 吨 / 天，而海淀区的垃圾产生量已经达到 2600~2700 吨 / 天，剩余部分只能运往远在门头沟区潭柘寺附近的鲁家山垃圾焚烧发电厂。

从此，政府对垃圾处理的管理模式发生了重大变化：大工村垃圾焚烧发电厂总投资 15.2 亿元，中央和市财政投资共 6 亿元，海淀区采取从北京控股集团公司借款方式投资 9.2 亿元；通过招标，由北控集团获得 30 年运营权。鲁家山垃圾焚烧发电厂由首钢集团和市政府共同投资，由首钢生物质能源科技有限公司负责运营管理。海淀区政府以购买服务的方式处理与他们的关系，即按付费标准和垃圾量向他们缴费。无论从处理的方式还是管理的方式来说，海淀区的垃圾处理都进入了一个新阶段。

早在 20 世纪 90 年代，北京市就提出“垃圾无害化、减量化、资源化”的方针。笔者理解，无害化是原则，减量化是手段，资源化是方向。垃圾焚烧发电属于资源化的垃圾处理方式，但其发电收益远不足以抵销其成本费用，海淀区政府还要另外为每吨垃圾付出 125 元。换句话说，不考虑建设投资，海淀区每少产生一吨垃圾就可以至少节省 125 元财政资金。从这个意义上可以看出垃圾减量化的重要性。

垃圾减量须从源头做起，一是减少垃圾的产生，包括限制过度包装、餐桌浪费等；二是分类回收。其实海淀区很早就开始了垃圾分类回收的试点工作，1997 年在双安商场、城乡贸易中心等单位，2000 年在芙蓉里小区、静淑苑小区，2001 年在太阳园小区等都开展过这类试点，在小区安置分类垃圾桶、给居民发放专用塑料袋，投入了不少精力、物力。但因为回收流程不配套、居民参与积极性不高等原因，收效甚微。现在我们欣喜地看到政府强力推行垃圾分类回收，制定了相关法规，加大了执行与宣传力度，相信很快即可看到成效。

70 年前，人们不可能想象到如今的垃圾处理方式。随着社会、经济、科技的发展进步，垃圾处理还会发生怎样的变化，我们今天也无法预知。

（作者系海淀区环卫中心原党委书记、《北京市海淀区志（1996—2010）》副主编）

两院院士寄语海淀

马大猷　物理学家　1915 年 3 月 1 日生于北京。1936 年毕业于北京大学物理系。1940 年获美国哈佛大学博士学位。1955 年被选聘为中国科学院学部委员（1994 年改称为院士，以下同此）。主要从事物理声学和建筑声学研究。

历任清华大学教授，北京大学教授，哈尔滨工业大学教授、教务长，中国科学院电子研究所研究员、副所长，中国科技大学研究生院副院长，中国声学学会理事长，中国科学院声学研究所研究员等职。

1981 年获国家自然科学奖，1997 年获德国夫琅和费协会金质奖章。

马大猷于 2000 年 3 月寄语海淀：创新典范，跨越前沿，不重复不抄袭，重超越敢争先。

王　夔　化学家　1928 年 5 月 7 日生于天津。1949 年毕业于燕京大学化学系。1991 年当选为中国科学院学部委员。早年进行分析用有机试及金属离子水解沉淀的掩蔽研究，20 世纪 80 年代以来从事与医学有关的生物无机化学研究，推进预防药学研究。

历任北京医科大学教授、北京大学药学院院长、国家自然科学基金委员会化学科学部主任、中国化学会理事长、北京大学医学部教授等职。

荣获国家教委科技进步奖二等奖及中国科学院科技进步奖二等奖、教育部科技进步奖一等奖、何梁何利基金科学与技术进步奖。

王夔院士于 2006 年秋寄语海淀：此处物华天宝人杰地灵，仍需识人知势，慎思敏行，怀远谋长，贯彻始终，以求臻于至善。

王大珩　应用光学家　1915 年 2 月 26 日生于日本东京，原籍江苏苏州。1936 年毕业于清华大学物理系。1938 年获英国伦敦大学硕士学位。1955 年被选聘为中国科学院学部委员。1994 年被选聘为中国工程院院士。我国光学事业奠基人之一。1992 年，与其他五位学部委员（院士）倡议并促成中国工程院的成立。

曾任中国科学院长春光学精密机械研究所研究员、所长、名誉所长，中国科学院技术科学部主任，中国光学学会理事长，中国科学院研究员等职。

荣获 1985 年国家科技进步奖特等奖，1994 年何梁何利基金科学与技术进步奖。1999 年，中共中央、国务院、中央军委授予他“两弹一星”功勋奖章。

王大珩院士于 2006 年 11 月寄语海淀：海淀区，中国首都北京城中之城，世界著名文教科技发展事业集中地之一。

王文采　植物分类学家　1926 年 6 月 5 日生于山东济南。1949 年毕业于北京师范大学生物系。1993 年当选为中国科学院学部委员。曾任中国科学院植物研究所研究员。主要从事毛茛科、荨麻科、紫草科、苦苣苔科等植物的分类学研究，发现 20 个新属，约 550 个新种。

荣获 1987 年国家自然科学奖一等奖（研究集体，王文采是主要成员之一），1996 年获“求是”基金杰出科技成就集体奖。

王文采院士于 2006 年 9 月 20 日寄语海淀：近年来，海淀区在高新技术产业以及文化教育等方面取得巨大成绩，我衷心祝贺并希望我区继续努力做出新的更大贡献。

王佛松　高分子化学家　1933 年 5 月 23 日生于广东兴宁。1955 年毕业于武汉大学化学系。1960 年获苏联科学院高分子研究所副博士学位。1991 年当选为中国科学院学部委员。2000 年当选为第三世界科学院院士。长期从事定向聚合、稀土催化及导电高分子研究，并开展高分子—无机纳米复合材料的研究工作。

曾任中国科学院长春应用化学研究所研究员、所长，中国科学院副院长，中国科学院化学部主任，太平洋地区高分子联合会副主席、主席，中国石油学会副理事长等职。

荣获国家自然科学奖二等奖 2 项、三等奖 1 项，国家科技进步奖特等奖，2001 年度日本高分子学会国际奖和何梁何利基金科学与技术进步奖。

王佛松院士于 2006 年 9 月 18 日寄语海淀：发挥人才优势，抓住机遇，建设知识型海淀、服务型海淀和生态型海淀。

王补宣　工程热物理学家　1922 年 2 月 5 日生于江苏无锡。1943 年毕业于西南联合大学机械工程系。1949 年获美国普渡大学硕士学位。1980 年当选为中国科学院学部委员。美国纽约科学院院士。长期从事热能工程教学与热科学技术的研究。创建清华大学热物理专业。

历任清华大学教授、热能工程与热物理研究所所长，中国工程热物理学会副理事长、理事长、终身荣誉理事长，中国太阳能学会理事长等职。

荣获 1989 年国家自然科学奖三等奖，1992 年国家教委基础研究一等奖和 1988 年、1994 年、1998 年二等奖，2005 年教育部自然科学奖一等奖和 2004 年二等奖。

王补宣院士于 2006 年中秋寄语海淀：科教兴国，以人为本，建设创新型国家，基础在教育。海淀作为首都北京文教区和中关村科技园中心区，宜率先营造社会和谐，展示高素质、创新型、现代化文明的社会生活新面貌，让和谐在进步富裕中生根，激发人民群众的创新动力。

王绶琯　天文学家　1923 年 1 月 15 日生于福建福州。1943 年毕业于重庆马尾海军学校造船科。1946—1949 年在英国皇家格林尼治海军学院造船班深造，1950 年改攻天文学。1980 年当选为中国科学院学部委员。我国现代天体物理学的奠基者之一。开创了我国射电天文学工作。

历任中国科学院北京天文台研究员、台长、名誉台长，中国科学院数学物理学部主任，中国天文学会理事长、名誉理事长，中国科学院国家天文台研究员。

1985 年获国家科技进步奖二等奖，1996 年获何梁何利基金科学与技术进步奖，并被评为全国先进科普工作者。

王绶琯于 2006 年寄语海淀：海纳百川，学人荟萃，业竞高新，科宇恢宏。

王鸿祯　地质学家　1916 年 11 月 17 日生于山东苍山。1939 年毕业于北京大学地质系。1947 年获英国剑桥大学博士学位。1980 年当选为中国科学院学部委员。研究领域包括古生物学、地层学、古地理学、前寒武纪地质学、大地构造学和地质学史。

曾任北京大学教授、北京地质学院副院长、武汉地质学院院长、中国地质学会副理事长、中国古生物学会理事长、中国地质大学教授等职。

1982 年获国家自然科学奖一等奖，1987 年与 1991 年分别获得国家自然科学奖二等奖。

王鸿祯院士于 2006 年 10 月寄语海淀：

海淀中心科技城，首都西畔聚精英。坛名社稷留青史，台起航天定太空。香稻佳园思半亩，翠湖湿地忆昆明。轻车漫驶林荫道，过眼高楼一万重。

生态建城世罕传，宏图创意冠神州。车行细数堤边树，目送迟飞水上鸥。香稻犹余园半亩，翠湖喜湿地千畴。画舫欲傍垂杨岸，西望鹫峰忆旧游。

王瑞珠　建筑学家　1940 年 4 月 2 日生于湖南衡阳。1963 年毕业于清华大学建筑系。2003 年当选为中国工程院院士。曾任中国城市规划设计研究院研究员、学术顾问。主攻建筑理论、城市及建筑史、历史环境保护及规划。编著有《世界建筑史》系列丛书及《国外历史环境的保护和规划》。

荣获华夏建筑科技奖一等奖，建设部科技进步奖一等奖。

王瑞珠院士于 2006 年 12 月寄语海淀：继往开来，再创辉煌。

贝时璋　生物学家　1903 年 10 月 10 日生于浙江镇海。1921 年毕业于上海同济医工专门学校医预科。1928 年获德国土滨根大学博士学位。1948 年当选为中央研究院院士。1955 年被选聘为中国科学院学部委员。长期从事实验生物学研究，是我国生物物理学的奠基人。因其研究工作取得卓越成就，国家天文台将 1996 年发现的 36015 号小行星命名为“贝时璋星”。

历任浙江大学教授、生物系主任、理学院院长，中国科学院实验生物研究所、北京实验生物研究所、生物物理研究所所长，中国科学技术大学生物物理系主任，中国生物物理学会、中国动物学会理事长，中国生物物理学会名誉理事长等职。

贝时璋院士于 2006 年 9 月寄语海淀：求是、求实、求真，一切根据科学规律办事。

冯叔瑜　爆破工程专家　1924 年 6 月 20 日生于四川邻水。1948 年毕业于上海交通大学土木工程系。1955 年获苏联列宁格勒铁道运输工程学院副博士学位。1995 年当选为中国工程院院士。20 世纪 50 年代，最早将苏联大爆破技术引用到我国鹰厦、川黔、成昆、湘黔等铁路新线建设中，并通过铁路路堑大爆破工程点的大量调查，为建立爆破工程地质学奠定了基础；参与我国爆破安全、大爆破、城市拆除爆破三部法规的编写与制定工作。

曾任铁道科学研究院研究员、中国工程爆破协会副理事长、中国工程爆破协会名誉理事长等职。

冯叔瑜院士于 2006 年 11 月 30 日寄语海淀：祝海淀取得跨越发展经济、科技、教育、生态环境等显著卓越巨大成就。

冯宗炜　森林生态学与环境生态学家　1932 年 9 月 13 日生于浙江嘉兴。1954 年毕业于南京林学院林学系。1957—1958 年在苏联学习。1999 年当选为中国工程院院士。长期从事森林生态学、环境生态学与生态恢复工程研究，开拓我国酸雨生态影响和生态恢复工程研究领域。

历任中国科学院林业土壤研究所研究员、副所长，中国科学院生态环境中心研究员、副主任，中国生态学会副理事长，中国林学会副理事长，中国科学院生态环境研究中心研究员等职。

荣获国家科技进步奖一等奖，省部级一、二等奖 5 项。

冯宗炜院士于 2006 年寄语海淀：发展绿色产业，建设生态海淀。

卢良恕　作物栽培学与耕作学家　1924 年 11 月 3 日生于上海。1947 年 1 月毕业于金陵大学农艺系。1994 年被选聘为中国工程院院士。卢良恕是新中国早期的小麦育种与栽培学家，曾主持选育了“华东 6 号”等系列小麦优良品种，1982 年后侧重于面向全国开展农业宏观发展战略研究，创造性地提出了“现代集约持续农业”等重要战略观点。

曾任江苏省农业科学院副院长、院长，中国农业科学院研究员、院长、学术委员会主任，农业部科学技术委员会副主任，国务院农村发展研究中心学术委员会副主任，中国农学会会长，国家科技评奖委员会成员，国家发明奖评审委员会副主任，中国工程院副院长，中国农业与农村科学技术专家咨询委员会主任，中国农业专家咨询团主任，国家食物与营养咨询委员会主任，农业部专家咨询委员会副主任，中国农学会名誉会长，中国农业科学院研究员、学术委员会名誉主任等职。

曾荣获国家科技进步奖 2 项及 1998 年度中国工程科技奖、2001 年中国老科协科技者英奖。

卢良恕院士于 2006 年寄语海淀：面向经济建设，依靠科技创新，统筹城乡发展，建立和谐社会。

卢肇钧　土力学及基础工程专家　1917 年 11 月 17 日生于河南郑州。1941 年毕业于清华大学土木工程系。1948 年获美国哈佛大学硕士学位。1991 年当选为中国科学院学部委员。长期从事土的基本性质和特殊土地区筑路技术研究。

曾任铁道科学研究院研究员，中国土力学及基础工程学会副理事长、理事长等职。

曾荣获国家科技进步奖二等奖。

卢肇钧院士于 2006 年 11 月寄语海淀：北京人才冠中华，海淀人才冠北京。

叶连俊　地质学、沉积矿床学家　1913 年 7 月 19 日生于山东日照。1937 年毕业于北京大学地质系。1980 年当选为中国科学院学部委员。他深入研究华北地台晚前寒武纪至第三纪沉积地层，对其发育史、地壳演化史、沉积盆地类型、沉积建造及序列等提出了一系列新见解。出版有《中国磷块岩》专著。

曾任中国科学院地学部副主任，中国沉积学会理事长，中国科学院地质与地球物理研究所研究员等职。

荣获中国科学院自然科学奖一、二等奖、科技进步奖一等奖和特等奖各 1 项，国家自然科学奖二等奖和科技进步奖各 1 项，1998 年获何梁何利基金科学与技术进步奖。

叶连俊院士于 2006 年寄语海淀：发挥人才优势，创建现代海淀。

叶笃正　气象学家　1916 年 2 月 21 日生于天津。1940 年毕业于西南联合大学气象学系。1948 年获美国芝加哥大学博士学位。1980 年当选为中国科学院学部委员。1981 年当选为芬兰科学院外籍院士。早年从事大气环流和长波动力学研究，与陶诗言等提出北半球大气环流季节性突变理论，并积极倡导全球气候变化研究工作。

曾任中国科学院大气物理研究所研究员、所长，中国科学院副院长，中国气象学会理事长，IUGG 中国委员会主席，IGBP 中国委员会主席等职。

1987 年获国家自然科学奖一等奖和二等奖，1995 年获何梁何利基金科学与技术奖和陈嘉庚地球科学奖，2003 年获国际气象组织 IMO 奖，2005 年获国家最高科学技术奖。

叶笃正院士于 2006 年寄语海淀：求实求实再求实，认真认真再认真。

叶铭汉　高能物理学和粒子探测技术专家　1925 年 4 月 2 日生于上海。1949 年毕业于清华大学物理系。1995 年当选为中国工程院院士。

曾任中国科学院高能物理研究所研究员、所长，中国高能物理学会理事长，核电子学和核探测技术学会理事长，中国高等科学技术中心学术主任等职。

早年参与建成我国第一台粒子加速器（70 万电子伏质子静电加速器）和第二台粒子加速器（250 万伏质子静电加速器）；20 世纪 80 年代主持大型高能物理实验装置——北京谱仪的研制，并参加主持北京正负电子对撞机的建造。获国家科学技术进步奖特等奖。

叶铭汉院士于 2006 年 12 月寄语海淀：创新科研，高速发展。

田在艺　石油地质学家　1919 年 12 月 5 日生于陕西渭南。1945 年毕业于中央大学地质系。1997 年当选为中国科学院院士。20 世纪 50 年代指出沉积盆地是油气形成与赋存的基本构造单元，提出“构造是主导，沉积是基础，生油是关键，保存是条件”的油气勘探学术思想，科学预测陆相盆地找油领域；20 世纪 80 年代组织领导全国第一次油气资源评价，运用地质理论、方法和技术系统定量评价，为国家制定油气勘探规划提供依据。

曾任大庆油田勘探指挥部副指挥、总地质师，大港、江汉、吉林油田副指挥、总地质师，中国石油天然气集团公司石油勘探开发科学研究院教授级高级工程师等职。

荣获国家自然科学奖一等奖和国家科技进步奖一等奖各 1 项，石油工业部科技进步奖二等奖 2 项，1989 年获第一届李四光地质科学奖。

田在艺院士于 2006 年寄语海淀：未来：海纳百川聚贤才，厚积薄发铸精彩，励精图治登卓越，集思广益展未来。

白春礼　物理化学家　1953 年 9 月 26 日生于辽宁丹东。1978 年毕业于北京大学化学系。1985 年获中国科学院研究生院博士学位。1997 年当选为中国科学院院士及第三世界科学院院士，美国科学院外籍院士。曾任中国科学院院长、化学部主任、化学所研究员，“一带一路”国际科学组织联盟首任主席，中国科学院大学和中国科学技术大学名誉校长。先后从事高分子催化剂的结构与物性、有机化合物晶体结构的 X 射线衍射、分子力学的导电高聚物的 EXAFS 等研究；从 20 世纪 80 年代中期开始转入到新兴的前沿领域——扫描隧道显微学的研究，研制成功扫描探针显微镜（SPM）系列：带领科研人员利用 SPM 系统地研究了一些有机和生物材料的表面结构和性能，并在纳米科技方面有开创性的工作。

曾荣获国家和中国科学院等部委级科技成果奖 8 项，获何梁何利基金科学与技术奖及英国化学化工学会国际奖章等荣誉。

白春礼院士于 2006 年寄语海淀：自主创新，加快发展。

石元春　土壤学家　1931 年 2 月 18 日生于湖北武汉。1953 年毕业于北京农业大学农学系。1991 年当选为中国科学院学部委员。1994 年选聘为中国工程院院士。1994 年当选为第三世界科学院院士。长期从事土壤地理、盐渍土发生和改良工作。20 世纪 90 年代后参加国家 863 计划、973 计划编制工作，任中长期科技发展规划农业组组长等，从事我国科技及农业的宏观研究，提出发展生物质产业等重要观点。

曾任中国农业大学教授、副校长、校长、研究生院院长，中国农学会副会长，中国科协副主席，国家科技奖励委员会委员，国家能源领导小组专家组成员等职。

荣获 1993 年国家科技进步奖特等奖、陈嘉庚农业科学奖、王丹萍科学奖、何梁何利基金科学与技术奖。

石元春院士于 2006 年 11 月寄语海淀：现代科技的摇篮，现代科技人才培养的摇篮。

龙驭球　土木工程和结构力学专家　1926 年 1 月 15 日生于湖南安化。1948 年毕业于清华大学土木工程系。1995 年当选为中国工程院院士。在有限元与变分原理方面取得 6 项国内外首创成果，并参加制定《薄壳结构设计规程》。

曾任清华大学教授，1999 年国际结构工程会议主席，国际杂志 *Advances in Structural Engineering* 和 *Structural Stability and Dynamics* 国际编委。

曾获 1988 年、1992 年、1996 年、2002 年国家优秀教材奖，1986 年、1992 年、1994 年、2002 年教育部科技进步奖，1999 年国家科技进步奖二等奖，2000 年第 3 届中国工程科技奖，2001 年国家级教学成果奖一等奖。

龙驭球院士于 2006 年寄语海淀：学而后知两不足：自己知识不足，需读博而读薄；人类知识不足，需读破以创新。

关君蔚　水土保持和生态控制系统工程专家　1917 年 5 月 23 日生于辽宁沈阳。1941 年毕业于日本东京农工大学林学科。1995 年当选为中国工程院院士，同年任北京林业大学教授。

多年来，他为我国防护林建设、水土保持、环境保护方面培养了大批人才并进行了大量科研工作。创办我国第一个水土保持专业，进而发展成为水土保持学院；确立水土保持是一门深受社会、经济影响和制约与融地学、工程学、生物学相互渗透、相互交叉的一门应用性的系统学科。

荣获林业部科技进步奖一等奖及国家科技进步奖二等奖各 1 项，荣获中国林学会梁希奖。

关君蔚院士于 2006 年寄语海淀：装点首都秀美山川，为祖国争光。

刘广志　探矿工程专家　1923 年 3 月 11 日生于广东番禺。1947 年毕业于原北洋大学采矿系。1995 年当选为中国工程院院士。从事探矿工程 60 余年，是我国涉足于石油、地质、海洋、水文多种工程钻探和掘进工程的高级工程专家，是新中国地质探矿工程奠基人之一。

曾任地矿部探矿工程总工程师、中国地质学会探矿工程专业委员会主任委员、国际岩石圈计划（ILP）CC–4 组（大陆钻探）中方协调员、国土资源部咨询研究中心研究员等职。

荣获 1985 年国家科技进步奖一等奖，主编的中英文版《金刚石钻探手册》获部级科技进步奖一等奖。

刘广志院士于 2006 年寄语海淀：勤学、苦干、创新，只为国富邦强。

刘东生　第四纪地质学、古脊椎动物学、环境地质学家　1917 年 11 月 22 日生于辽宁沈阳。1942 年毕业于西南联合大学地质系。1980 年当选为中国科学院学部委员。1991 年当选为第三世界科学院院士，1996 年当选为欧亚科学院院士。长期从事黄土研究，提出了“新风成学说”，20 世纪 60 年代末开创我国环境地质研究。

历任中科院地质研究所研究员、中国科学院环境科学委员会主任、国际第四纪研究联合会主席、国家环保局环境科学研究院名誉院长等职。

获国家自然科学奖二等奖 3 项，2002 年“中际泰勒”环境成就奖，2004 年国家最高科学技术奖。

刘东生院士于 2006 年 11 月 18 日寄语海淀：祝海淀区永远做科技创新的先锋、人与自然和谐社会的样板。

刘玉清　放射一医学影像学专家　1923 年 3 月 14 日生于天津。1948 年毕业于沈阳医学院医本科。1994 年当选为中国工程院院士。我国心血管放射一影像学主要创建人之一，为推动我国放射学和医学影像事业的发展做出重要贡献。

曾任中国医学科学院阜外医院教授、副院长、心血管研究所副所长、学术委员会主任等职。

荣获 8 项科技成果奖，2002 年获中国工程院“光华”工程科技奖。

刘玉清院士于 2006 年 10 月寄语海淀：以人为本，落实科学发展观，为创建科技海淀、和谐海淀而努力！

刘光鼎　海洋地质、地球物理学家　1929 年 12 月 29 日生于北京。1952 年毕业于北京大学物理系。1980 年当选为中国科学院学部委员。1993 年当选为第三世界科学院院士。长期致力于地球物理与海洋地质、石油地质研究。

曾任同济大学教授，海洋地质研究所研究员、所长，地质矿产部海洋地质司副司长、石油地质海洋地质局副局长，中国科学院地球物理研究所研究员、所长，中国地球物理学会理事长，中国海洋学会名誉理事长等职。

获 1982 年、1985 年国家自然科学奖二等奖，1992 年中国科学院竺可桢野外工作奖，1993 年地矿部李四光地质科学荣誉奖。

刘光鼎院士于 2006 年寄语海淀：与时俱进，敢为人先。

刘若庄　物理化学家　1925 年 5 月 25 日生于北京。1947 年毕业于北京辅仁大学化学系。1950 年北京大学化学系研究生毕业。1999 年当选为中国科学院院士。曾任北京师范大学教授。主要从事计算量子化学研究。

荣获 1982 年国家自然科学奖一等奖（参加者），1987 年、1988 年国家教委科技进步奖二等奖，1989 年国家自然科学奖三等奖，1990 年全军科技进步奖二等奖及 2002 年教育部科技进步奖一等奖（第二完成人）。

刘若庄院士于 2006 年 10 月 15 日寄语海淀：天才出于勤奋。录爱因斯坦语，以激励年轻学子。

匡廷云　植物生理与生物化学家　女。1934 年 12 月 29 日生于四川资中。1956 年毕业于北京农业大学土壤农业化学系。1962 年获苏联莫斯科国立大学哲学博士学位。1995 年当选为中国科学院院士、欧亚科学院院士。主要从事植物生理生化及光合作用的研究工作，特别在光合膜、叶绿素蛋白复合体的结构与功能方面与国内外同行合作进行了系统和深入的研究，取得了重要成果。

曾任中国科学院植物研究所研究员、副所长，中国科学院生物学部副主任，中国植物学会理事长、名誉理事长，中国科学院植物研究所研究员、生物膜与膜生物工程国家重点实验室学术委员会主任、植物生理生化国家重点实验室学术委员会主任、光合作用与环境分子生物学重点实验室学术委员会主任等职。在第十一届国际光合作用大会上当选为国际光合作用执行委员会委员。

荣获国家自然科学奖二等奖，中国科学院科技进步奖及自然科学奖多项，黑龙江省一等奖及二等奖。

匡廷云院士于 2006 年 12 月 26 日寄语海淀：海淀是世界上独一无二的；海淀的山湖是多么秀美，数千年历史和文化在这里积淀；海淀拥有国内外著名的科学研究机构和最高教育学府及一批批精英；海淀拥有国内外知名的中关村高新技术产业园区；海淀得天独厚的优势在过去和现在提升我国科技竞争力方面做出了重大贡献，在新世纪将会为我国实现现代化做更大的贡献；海淀明天会更加美好！祖国明天会更加光辉灿烂！

孙　枢　地质学家　1933 年 7 月 23 日生于江苏金坛。1953 年毕业于南京大学地质系。1991 年当选为中国科学院学部委员。长期从事沉积学、沉积大地学研究和地质综合考察。

曾任中国科学院地质研究所研究员、所长，中国科学院资源环境科学局局长，中国科学院地学部主任，国家自然科学基金委员会副主任等职。

1987 年获国家自然科学奖二等奖（排名第二），1997 年获何梁何利基金科学与技术进步奖。

孙枢院士于 2006 年 12 月 10 日寄语海淀：充分发挥教育、科技和文化优势，为建设现代化新海淀奋斗。

师昌绪　金属学与材料科学家　1920 年 11 月 15 日生于河北徐水。1945 年毕业于国立西北工学院矿冶系。1952 年获美国欧特丹大学冶金博士学位，其后又在麻省理工学院读博士后三年。1980 年当选为中国科学院学部委员。1994 年被选聘为中国工程院院士。1995 年当选为第三世界科学院院士。我国高温合金材料研究开拓者之一。领导研制出我国第一代铸造空心滑轮叶片。

曾任中国科学院金属研究所研究员、所长，中国科学院技术科学部主任，中国科学院学部咨询委员会主任，国家自然科学基金委员会副主任，中国工程院副院长，中国材料联合会主席，中国材料研究会名誉理事长，中国生物材料联合会主席，国家科技图书文献中心理事长，国家自然科学基金委员会特邀顾问等。

获国家级科技奖励 10 余项。

师昌绪院士于 2006 年 10 月寄语海淀：海淀，我国改革开放的先锋，高技术产业的摇篮。

庄巧生　作物遗传育种学家　1916 年 8 月 5 日生于福建闽侯。1939 年毕业于金陵大学农艺系。1991 年当选为中国科学院学部委员。我国小麦遗传育种学科主要奠基人之一。

曾任华北农业科学研究所研究员，中国农业科学院作物育种栽培研究所研究员、副所长，中国作物学会理事长等职。

1983—1985 年获农牧渔业部和北京市科技改进奖一等奖 4 项，1987 年获国家科技进步奖二等奖，1990 年荣获“全国农业劳动模范”称号。

庄巧生院士于 2006 年 9 月寄语海淀：让人才优势成为建设科技、人文、绿色海淀和谐发展的智库。

庄逢甘　空气动力学家　1925 年 2 月 11 日生于江苏常州。1946 年毕业于上海交通大学航空工程系。1950 年获美国加州理工学院科学博士学位。1980 年当选为中国科学院学部委员。1985 年被选为国际宇航科学院院士。长期从事导弹、火箭及再入飞行器的空气动力学试验研究和计算空气动力学的研究工作。

曾任哈尔滨军事工程学院教授、北京空气动力研究所所长、中国空气动力研究与发展中心副主任、航天工业部总工程师、中国航天科技集团公司科技委主任、中国科协副主席、中国航天科技集团公司和中国航天科工集团公司研究员、高级技术顾问。

获 1985 年国家科技进步奖特等奖，1992 年国际航空理事会戈根海姆奖，1993 年美洲中国工程师学会成就奖，1994 年何梁何利基金科学与技术奖，2004 年“光华”工程科技奖，2006 年国际宇航科学院工程科学奖。

庄逢甘院士于 2006 年 10 月寄语海淀：以勤补拙。

阳含熙　生态学家、林学家　1918 年 4 月 29 日生于江西南昌。1939 年毕业于金陵大学森林学系。1950 年获英国牛津大学硕士学位。1991 年当选为中国科学院学部委员。新中国生态学奠基人之一。

曾任中国科学院自然资源综合考察委员会研究员、学术委员会主任，联合国教科文组织人与生物圈中国国家委员会副主席，联合国教科文组织人与生物圈计划协调理事会副主席，中国生态学会理事长，中国科学院地理与资源研究所研究员等职。

1990 年获中国科学院自然科学奖二等奖。

阳含熙院士于 2006 年 10 月寄语海淀：海内皆兄妹，淀积五千年。

何泽慧　核物理学家　女。1914 年 3 月 5 日生于江苏苏州。1936 年毕业于清华大学物理系，1940 年获德国柏林高等工业学校工程博士学位。1980 年当选为中国科学院学部委员。何泽慧是中国原子能物理事业开创者之一，中国科学院近代物理研究所的创建者之一。

曾任中国科学院近代物理研究所研究员、中国科学院原子能研究所研究员，中国科学院高能物理研究所研究员。

何泽慧院士于 2007 年 2 月寄语海淀：实事求是，努力提高科学素养。

吴文俊　数学家　1919 年 5 月 2 日生于上海。1940 年毕业于上海交通大学。1949 年获法国国家博士学位。1955 年被选聘为中国科学院学部委员。第三世界科学院院士。在拓扑学、数学机械化、中国数学史等研究领域均有杰出的贡献，在国内外享有盛誉。

曾任中国科学院系统科学研究所研究员、副所长，中国数学会理事长，中国科学院数学物理学部副主任、主任，中国科学院数学与系统科学研究院研究员、系统科学研究所名誉所长。

曾获得 1956 年首届国家自然科学奖一等奖，1990 年第三世界科学院数学奖，1993 年陈嘉庚数理科学奖，1994 年首届“求是”科技基金杰出科学家奖，1997 年布朗自动推理杰出成就奖，2000 年首届国家最高科学技术奖，2006 年第三届邵逸夫数学科学奖。

吴文俊院士 2007 年 1 月寄语海淀：祝海淀区人才辈出，成为中国科学技术的创新基地。

吴传钧　人文地理与经济地理学家　1918 年 4 月 2 日生于江苏苏州。1941 年毕业于中央大学地理系。1948 年获英国利物浦大学博士学位。1991 年当选为中国科学院学部委员。主要从事综合经济地理（包括国土开发整治）和农业地理（包括土地利用）研究。主编的《中国农业地理总论》《1∶1000000 中国土地利用图集》《国土发展整治与规划》《现代经济地理学》《中国经济地理》等书，为国家经济建设及协调人地关系提出了系统的理论和方法。

曾任中国科学院地理研究所研究员、副所长，中国地理学会理事长，国际地理联合会副主席，中国科学院地理科学与资源研究所研究员，中国地理学会名誉理事长等职。

荣获国家科技进步奖一等奖 2 项，中国科学院科技进步奖一等奖 3 项，1991 年中国科学技术协会“周培源国际科技交流大奖”。

吴传钧院士寄语海淀：以世界文化圣地中关村为中心，促进海淀历史性新跨越，早日建成为世界一流新型科技园区。

吴佑寿　数字通信专家　1925 年 7 月 14 日生于泰国曼谷。1948 年毕业于清华大学电机系。1995 年当选为中国工程院院士。1994 年被聘为国际高校科学院院士。我国数字通信技术的开拓者和创建者之一，为我国制定数字电视国家标准做出贡献。

曾任清华大学教授、无线电系主任、研究生院院长，中国通信学会副理事长，中国神经网络委员会主席，亚太神经网络协会主席，全国学位与研究生教育发展中心主任，西南科技大学名誉校长，中国国际科技促进会副理事长。

荣获全国科学大会奖，电子工业部工业成果奖一等奖，国家教委科技进步奖一等奖，国家科技进步奖二等奖 2 项，国家技术发明奖二等奖 2 项。

吴佑寿院士于 2006 年 10 月寄语海淀：海淀，我们的骄傲，海纳百川，汇聚科苑隽秀，淀容万物，引领自主创新。祝愿海淀为中华民族伟大复兴做出更多更大贡献。

吴祖泽　实验血液学家　1935 年 10 月 19 日生于浙江镇海。1957 年毕业于山东大学化学系。1993 年当选为中国科学院学部委员。吴祖泽是中国造血干细胞研究的奠基人和实验血液学的先驱，被誉为“中国造血干细胞之父”。

曾任军事医学科学院放射医学研究所研究员、副所长、所长，军事医学科学院副院长、院长等职。

荣获国家自然科学奖二等奖，国家科技进步奖二等奖 3 项，军队科技进步奖一、二等奖 6 项，1995 年“光华”工程科技奖一等奖、何梁何利基金科学与技术进步奖，荣立军队二、三等功各 1 次。

吴祖泽院士于 2006 年 12 月寄语海淀：关注科技与经济集合的创新，推进社会生产力的持续发展。

吴常信　动物遗传育种学家、畜牧学家　1935 年 11 月 15 日生于浙江嵊县。1957 年毕业于北京农业大学畜牧系。1995 年当选为中国科学院院士。长期从事动物遗传理论与育种实践研究。

曾任北京农业大学教授、中国农业大学动物科学技术学院院长、中国畜牧兽医学会理事长、中国遗传学会副理事长等职。

荣获国家科技进步奖二等奖 2 项，其他国家级科技成果奖 6 项，省部级奖 6 项。

吴常信院士于 2006 年 12 月寄语海淀：海淀要为发展我国教育、科研、文化事业做出新贡献。

宋　健　控制论、系统工程和航空航天技术专家　1931 年 12 月 29 日生于山东荣成。1960 年毕业于莫斯科包曼高等工学院研究生院，先后获副博士和科学博士学位。1991 年当选为中国科学院学部委员。1994 年选聘为中国工程院院士。被聘国际宇航科学院院士，美国国家工程院、俄罗斯科学院和瑞典皇家工程院外籍院士。在最优控制系统理论研究方面取得一系列重要成果，为推动中国科学事业发展及确立“科教兴国”战略做出了重大贡献。

曾任航天部副部长兼总工程师、国务委员兼国家科委主任、全国政协副主席、中国工程院院长等职。

曾获国家科学大会奖，国家自然科学奖，国家科技进步奖一等奖、二等奖，国际数学模型协会艾尔伯特·爱因斯坦奖，意大利雷昂纳多·达芬奇奖，何梁何利基金科学与技术奖等。

宋健院士于 2006 年 10 月寄语海淀：科技创新，发展产业，引领潮流，祖国甚幸。

应崇福　超声学家　1918 年 6 月 15 日生于浙江宁波。1940 年毕业于华中大学物理系。1952 年获美国布朗大学博士学位。1993 年当选为中国科学院学部委员。长期从事超声学实验和理论研究。

曾任中国科学院声学研究所研究员、副所长，中国声学学会理事长、名誉理事长等职。

应崇福院士于 2006 年 12 月寄语海淀：大力普及科学发展观，大力普及科学知识，促进海淀区不断保持为高度文明、富裕、平安之区。

张子仪　饲料与动物营养专家　1925 年 3 月 4 日生于山西临猗。1948 年毕业于日本京都大学农学部，后进入该校研究生院攻读动物营养学，并被聘为外国人特别研究员。1997 年当选为中国工程院院士。是我国畜牧饲料科学研究和饲料工业发展的开拓者之一。

曾任中国农业科学院畜牧研究所研究员、学术委员会主任，全国饲料工业标准化技术委员会副主任委员，中国饲料工业协会副会长，动物营养学会会长等职。

曾获国家科技进步奖 4 项，省部级科技进步奖 17 项及国家新闻出版署优秀图书奖一、二等奖，并荣获中华科技与教育基金杰出贡献奖。

张子仪院士于 2006 年寄语海淀：承传先贤，德赛遗风，不负华夏，硅谷众望。

张广学　昆虫学家　1921 年 1 月 31 日生于山东定陶。1946 年毕业于中央大学农学系。1991 年当选为中国科学院学部委员。曾任中国科学院动物研究所研究员。对蚜虫分类和演化做了系统研究。将我国蚜虫记录从 148 种推进到 1000 余种，发表 9 个新属、224 个新种，利用系统演化理论和支序分类学方法突破蚜虫 11 个科分类系统，建立了 13 个科系统。

曾获首届北京国际博览会金奖、第四届全国发明展览会金牌奖，全国科技大会重大科技成果奖 2 项，国家科技成果二等奖及三等奖各 1 项，“求是”基金杰出成就集体奖，中国科学院自然科学奖一等奖及三等奖各 1 项，中国科学院科技进步奖特等奖 1 项及一等奖 5 项，其他奖项 10 余项。

张广学院士于 2006 年 10 月寄语海淀：采用生物防治法，防治农林害虫，减少农药用量，维护生态平衡。

张光斗　水利、水电工程专家　1912 年 5 月 1 日生于江苏常熟。1934 年毕业于上海交通大学土木工程学院。1935 年、1936 年分别获美国加州大学、美国哈佛大学硕士学位。1955 年选聘为中国科学院学部委员。1994 年选聘为中国工程院院士。在水利水电工程的教学和科研方面做出了系统的、创造性的贡献。编写了《水工建筑物》教材及专著。参加黄河和长江水利工程规划设计工作，如葛州坝工程、丹江口工程、三门峡工程、小浪底工程、二滩水工程、李家峡工程、龙滩水电站、三峡工程等。

曾任清华大学教授、副校长、校务委员会副主任，水利水电科学研究院院长，国务院学位委员会副主任，黄河水利委员会和长江流域规划办公室技术顾问，中国水利学会副理事长等职。

荣获 1980 年国家科技进步奖特等奖，1985 年国家科技进步奖二等奖，2003 年“光华”工程科技成就奖。

张光斗院士于 2006 年 9 月 21 日寄语海淀：海淀区应以企业为技术和生产力创新的主体，发展科技、经济、文化。

张存浩　物理化学家　1928 年 2 月 23 日生于天津。1947 年毕业于中央大学化工系，1950 年获美国密歇根大学硕士学位。1980 年当选为中国科学院学部委员。1992 年当选为第三世界科学院院士。1998 年获香港中文大学荣誉理学博士学位。长期从事催化、化工、化学反应动力学到火箭推进剂、化学激光、激发态化学等前沿科技领域的研究。

曾任中国科学院大连化学物理研究所研究员、副所长、所长，国家自然科学基金委员会主任，中国科学院化学部主任，中国科协副主席，国务院学位委员会委员，国际纯粹与应用化学联合会执行局成员，中国科学院科学道德建设委员会副主任。

1956 年、1982 年、1993 年三次获国家自然科学奖三等奖，1999 年获国家自然科学奖二等奖，1979 年获重大科技成果奖二等奖，1986 年、1989 年、1994 年、1996 年分别获中国科学院科技进步奖二等、一等、二等、特等奖，1997 年获中国科学院自然科学奖一等奖，1997 年获国家科技进步奖二等奖，2000 年获第八届陈嘉庚化学科学奖，2002 年获何梁何利基金科学与技术进步奖。

张存浩院士于 2006 年寄语海淀：人杰地灵，首善之区；致力创新，引领未来。

李国杰　计算机专家　1943 年 5 月 29 日生于湖南邵阳。1968 年毕业于北京大学物理系。1985 年获美国普渡大学博士学位。1995 年当选为中国工程院院士。

2002 年被选为第三世界科学院院士。曾任中国科学院计算技术研究所研究员、所长。领导中国科学院计算技术研究所研制成功龙芯系列通用微处理器（CPU），为突破信息领域核心技术和发展我国高性能计算机产业做出了重要贡献。

1994 年获首届何梁何利基金科学与技术进步奖，1997 年获国家科学技术进步奖一等奖，1995 年、2001 年、2003 年三次获国家科学技术进步奖二等奖，曾荣获全国先进工作者称号。

李国杰院士于 2006 年 12 月寄语海淀：海淀的魅力主要不在山水，也不在高楼大厦，而在于创新人才的密集，“四型海淀”中最具特色的可能是“知识型海淀”。希望提升海淀的文化内涵，培育创新氛围，使海淀区成为我国创新文化的源头和高技术企业的摇篮。

李振声　遗传学家　1931 年 2 月 25 日生于山东淄博。1951 年毕业于山东农学院农学系。1991 年当选为中国科学院学部委员。1990 年当选为第三世界科学院院士。主要从事小麦遗传与远缘杂交育种研究，同时开展了农业发展战略研究。

曾任西北植物研究所研究员、所长，中国科学院西安分院院长，陕西省科学院院长，中国科学院副院长，中国遗传学会理事长，中国科协副主席等职。

荣获 1985 年国家科技发明奖一等奖，1989 年陈嘉庚农业科学奖，1995 年何梁何利基金科学与技术进步奖，2005 年中华农业英才奖，2007 年国家最高科学技术奖，并获全国劳动模范称号。

李振声院士于 2006 年寄语海淀：努力提高科技水平，发挥引领带动作用。

杜祥琬　应用核物理与强激光技术专家　1938 年 4 月 29 日生于河南南阳。1964 年毕业于莫斯科工程物理学院。1997 年当选为中国工程院院士。曾任中国工程物理研究院研究员、中国工程院副院长、国家能源领导小组专家组成员。是我国新型强激光研究的开创者之一。

荣获国家科技进步奖一等奖 1 项、二等奖 2 项，2000 年何梁何利基金科学与技术进步奖。

杜祥琬院士于 2006 年 12 月寄语海淀：科研基地，人才摇篮。科技创新，重任在肩。祝我海淀，辉煌明天！

杨　起　煤地质学家　1919 年 5 月 17 日生于山东蓬莱。1943 年毕业于西南联合大学地质地理气象学系。1991 年当选为中国科学院学部委员。曾任中国地质大学教授。20 世纪 50 年代初在北京地质学院创建了我国第一个煤田地质专业。对中国聚煤条件和富煤带形成的地质因素等研究做出贡献。

获国家教委全国高等学校优秀教材特等奖，李四光地质科学荣誉奖，何梁何利基金科学与技术进步奖。

杨起院士于 2006 年 12 月寄语海淀：盛哉海淀！地灵人杰中关村，创新龙头科技园。

杨福愉　生物化学家　1927 年 10 月 30 日生于浙江镇海。1950 年毕业于浙江大学化学系。1960 年获苏联莫斯科大学生物系博士学位。1991 年当选为中国科学院学部委员。长期从事生物膜、微量元素等研究。

曾任中国科学院生物物理所研究员、副所长、生物大分子国家重点实验室学术委员会主任，北京生物化学与分子生物学学会理事长，中国生物化学与分子生物学学会副理事长等职。

曾多次获国家自然科学奖，中国科学院自然科学奖、科技进步奖及何梁何利基金科学与技术进步奖等。

杨福愉院士寄语海淀：发挥山川秀美、人文荟萃的优势，构建高水平的和谐海淀。

杨遵仪　地质、地层古生物学家　1908 年 10 月 7 日生于广东揭阳。1933 年毕业于清华大学地学系。1939 年获美国耶鲁大学哲学博士学位。1980 年当选为中国科学院学部委员。对无脊椎古生物的门类有深入研究，并组织领导了对古生代与中生代之间生物物种绝灭事件的成因、二叠系与三叠系界线及其上下矿产形成规律的研究。

历任中山大学教授、系主任，清华大学教授，北京地质学院教授，中国古生物学会副会长、中国地质大学教授等职。

多项科研成果获省部级一、二等奖，1995 年获美国耶鲁大学克罗斯奖，1997 年获何梁何利基金科学与技术进步奖及李四光地质科学荣誉奖等。

杨遵仪院士于 2006 年 10 月寄语海淀：海淀科技人才林立，科技力量雄厚，努力求实刻苦研究，为国为民争创科技强国而奋斗！

汪闻韶　土力学及土坝、地基抗震学家　1919 年 3 月 15 日生于江苏苏州。1943 年毕业于中央大学水利工程系。1952 年获美国伊利诺伊理工学院博士学位。1980

年当选为中国科学院学部委员。长期从事水利工程抗震研究工作。

曾任南京水利实验处高级工程师，水利部水利科学研究院高级工程师，中国水利水电科学研究院高级工程师，抗震防护研究所所长，水利部科技委顾问等职。

荣获 1957 年中国科学院科学奖（国家级）三等奖，1984 年国家自然科学奖四等奖，1999 年国家科技进步奖三等奖，1993 年度茅以升土力学及基础工程大奖。

汪闻韶院士于 2006 年 11 月寄语海淀：荣居北京海淀区，心怀全国科教事。艰苦奋斗创新业，全心全意为人民。

沈国舫　林学专家　1933 年 11 月 15 日生于上海。1956 年毕业于苏联列宁格勒林学院。1995 年当选为中国工程院院士。长期从事造林学和森林生态的教学与研究，是国家重点学科造林学科带头人。主编全国第一部统用教材《造林学》。主持起草的《发展速生丰产用材林技术政策》列入国家科委蓝皮书。

曾任北京林业大学教授、校长，中国林学会理事长、中国工程院副院长等职。

荣获国家科技进步奖一等奖等多个奖项，并获“五一”劳动奖章。

沈国舫院士于 2006 年 10 月 14 日寄语海淀：海内科英聚首都，淀生荷花不染污，科技展翅为兴国，协同献智促民富。

邱式邦　昆虫学家　1911 年 8 月 10 日生于浙江湖州。1935 年毕业于沪江大学生物系。1949—1951 年在英国剑桥大学动物系学习。1980 年当选为中国科学院学部委员。早年从事多种农业害虫发生规律防治的研究，对控制我国的蝗害起了重要作用。建立我国生物防治的专业研究机构，创办和主编《中国生物防治》刊物，对发展我国害虫综合治理和生物防治事业做出了贡献。

曾任中国农业科学院生物防治研究所研究员、主任等职。

1979 年获全国劳动模范金质奖章，1987 年获全国科学大会先进个人奖，1985 年获法国农业部“功勋骑士”勋章。

邱式邦院士于 2006 年 12 月 25 日寄语海淀：坚持科学发展观，建设人文海淀、绿色海淀、科技海淀、和谐海淀。

邵象华　钢铁冶金学家　1913 年 2 月 22 日生于浙江杭州。1932 年毕业于浙江大学化工系。1937 年获英国伦敦大学冶金硕士学位。1955 年选聘为中国科学院学部委员。1995 年当选为中国工程院院士。

曾任鞍山钢铁公司炼钢厂副厂长、总工程师，钢铁研究总院教授、顾问。抗日战争时期主持新型平炉炼钢厂的设计、施工和投产，1948 年在鞍山钢铁厂参与恢复生产工作，建立我国第一代大型钢厂的生产技术和研究开发体系；创立回收利用我国铁矿中共生稀有金属铌和钒的新方法。

1998 年荣获第二届中国“光华”工程科技奖，2006 年荣获中国金属学会冶金科技终身成就奖。

邵象华院士于 2006 年 11 月寄语海淀：作为海淀区半世纪的居民，我有幸在她以复式增长的速度、奋勇地推进历史性新跨越、建设现代化的新市区、为人民提升福祉、为祖国的和平崛起做出贡献的热潮中生活和工作，感到无比欣幸、自傲和自信。祝愿全区壮志永不移，灿烂的光辉永不息。

邹承鲁　生物化学家　1923 年 5 月 17 日生于山东青岛。1945 年毕业于西南联合大学化学系。1951 年获英国剑桥大学生物化学博士学位。1980 年当选为中国科学院学部委员、第三世界科学院院士。在国际上，最早用蛋白质水解酶部分水解方法研究蛋白质结构、功能关系，为我国酶学研究奠定了基础，为人工合成牛胰岛素做出了重大贡献。

曾任中国科学院生物化学研究所研究员，中国科学院生物物理研究所研究员、副所长、生物大分子国家重点实验室主任，中国科学院生物学部主任，中国生物化学与分子生物学会理事长等职。

荣获国家自然科学奖一等奖 2 项、二等奖 4 项，中国科学院自然科学奖多项，第三世界科学院生物学奖，陈嘉庚生命科学奖，何梁何利基金科学与技术奖。

邹承鲁院士于 2006 年 10 月寄语海淀：青年是我国科学发展前途的希望。

闵恩泽　石油化工催化剂专家　1924 年 2 月 8 日生于四川成都。1946 年毕业于重庆中央大学化学工程系。1951 年获美国俄亥俄州立大学博士学位。1980 年当选为中国科学院学部委员。1993 年当选为第三世界科学院院士。1994 年选聘为中国工程院院士。闵恩泽奠定了中国石油炼制催化剂制造的基础。

曾任石油化工科学研究院主任工程师、副总工程师、总工程师、副院长、首席总工程师、学术委员会主任等职。

曾获国家科技进步一、二等奖和国家发明奖一等奖等多项奖项，1994 年何梁何利基金科学与技术奖，1997 年日本桥口隆吉基金奖，2007 年国家最高科学技术奖。

闵恩泽院士于2006年10月寄语海淀：科技创新来自联想，联想源于博学广识。

闵桂荣　工程热物理学家及空间技术专家　1933年6月2日生于福建莆田。1956年毕业于南京工学院动力工程系。1963年获苏联科学院动力研究所副博士学位。1987年当选为国际宇航科学院院士。1991年当选为中国科学院学部委员。1994年选聘为中国工程院院士。前期主要从事工程热物理研究，特别是航天器热控制研究和发展工作，后期从事人造卫星总体技术的领导工作。

曾任中国空间技术研究院研究员、院长，卫星系列总设计师，航空航天工业部科技委副主任等职。

荣获国家科技进步奖特等奖2项。

闵桂荣院士于2006年10月寄语海淀：深化改革，将海淀区办成世界级高新技术园区。

陆元九　自动控制、陀螺及惯性导航技术专家　1920年1月9日生于安徽滁县。1941年毕业于中央大学航空工程系。1949年获美国麻省理工学院博士学位。1980年当选为中国科学院学部委员。1994年选聘为中国工程院院士。1981年当选为国际宇航科学院院士。主要从事惯性器件及惯性导航研究和航天工程控制问题的研究。

曾任中国科学院自动化研究所研究员、副所长，航天部控制器件研究所研究员、所长，航天部总工程师、科技委常委，中国惯性技术学会副理事长，国际宇航联合会副主席等职。

陆元九院士于2006年12月寄语海淀：同学们！全面建设小康社会，实现中华民族伟大复兴的任务，正期待着你们这批生力军！希望你们牢记近100多年来我们民族所蒙受的屈辱历史，是经过十几代人的艰苦奋斗，流血牺牲，特别是伟大的长征，才有来之不易的今天，使大家有良好的学习环境。希望你们珍惜这种机会，好好学习，注意锻炼，保持身体、精神、心理全面健康，德智体全面发展，为承担重任，欢度一生，夯实基础。要树立雄心壮志，勇挑重担，不仅为人民服务奉献才华，而且要为人类的物质财富和精神财富添砖加瓦！

陆婉珍　分析化学家　女。1924年9月29日生于天津。1946年毕业于中央大学化工系。1951 年获美国俄亥俄州立大学博士学位。1991 年当选为中国科学院学部委员。主持系统评价了中国原油资源，并出版了《中国原油的评价》，为原油合理加工提供了科学依据。1995 年以来致力于近红外光谱仪的研制及应用。

曾任石油部石油化工科学研究院高级工程师、副总工程师、总工程师。

曾获国家科技进步奖四等奖，中国石化科技进步奖二等奖 12 项。

陆婉珍院士于 2007 年 2 月寄语海淀：人类发展需要一个完善而且运行灵活的平台；海淀区已形成了一个世界级的平台，愿它能创造出影响世界的文明。

陈佳洱　核物理学家　1934 年 10 月 1 日生于上海。1954 年毕业于吉林大学物理系。1991 年当选为中国科学院学部委员、第三世界科学院院士、美国纽约科学院院士。长期从事粒子加速器的研究与教学，是低能加速器物理与技术方面的学科带头人。

曾任北京大学教授、副校长、校长，国家自然科学基金委员会副主任、主任，中国科学院数学物理学部主任，中国物理学会理事长，亚太物理学会联合会理事长，北京市科学技术协会主席等职。

获得国家高技术研究发展计划先进个人一等奖，国家科技进步奖二等奖，省部级科技进步奖一等和二等奖各 3 项以及“光华”工程科技奖，何梁何利基金科学与技术进步奖等。

陈佳洱院士于 2006 年 10 月寄语海淀：走团结协作、自主创新之路，建设和谐发展的创新型城区。

陈述彭　地理学家、地图学家、遥感地学专家　1920 年 2 月 28 日生于江西萍乡。1941 年毕业于浙江大学史地系。1980 年当选为中国科学院学部委员。1992 年当选为第三世界科学院院士，1993 年当选为国际欧亚科学院院士。长期从事地理制图等研究，开拓了遥感应用新领域。

曾任中国科学院地理科学与资源研究所研究员、遥感应用研究所名誉所长，中国地理学会理事长、国家环境咨询委员会委员、数字地球国际学会委员。

荣获国家自然科学奖二等奖及科技进步奖一、二等奖多项奖项，获国际地图学协会、国际岩溶学会、亚洲遥感协会、美国地理学会金奖。

陈述彭院士于 2006 年中秋寄语海淀：海纳江河，有容乃大；淀积文化，学苑园林；区域发展，亦工亦农；大不自多，巍然鹫峰；中国硅谷，北京 e 芯；关键技术，

引领群雄；村有高手，社有能人；科教兴国，创业先锋。

陈俊愉　园林及花卉专家　1917 年 9 月 21 日生于天津。1940 年毕业于金陵大学园艺系。1950 年获丹麦哥本哈根皇家农业大学荣誉级科学硕士学位。1997 年当选为中国工程院院士。我国观赏园艺学开创人之一，创立花卉品种二元分类法。

曾任武汉大学、华中农学院、北京林业大学教授，中国园林学会副理事长，中国园艺学会副理事长等职。

荣获国家科技进步奖二等、三等奖各 1 项，林业部科技进步奖一等奖 2 项，北京市科技进步奖二等奖 1 项。

陈俊愉院士于 2006 年 10 月 12 日寄语海淀：在科技创新与普及中切勿忽视对年老专家和院士、能手等个人兴趣之深入了解与真情激发，从故纸堆中挖掘创新，从考古成果中引发创新，从文学艺术中挑出科技创新，都是当前中华科技创新与普及中独特之路，必将闪烁出奇异之光。制定科研规划时希勿过分强调国家任务及其紧迫性，而宜留出相当比例的个人天地，从兴趣出发允许失败，否则，突出计划性过头，往往欲速则不达，强扭的瓜不甜，过去这方面的教训还少吗？

陈家镛　化学工程专家　1922 年 2 月 17 日生于四川金堂。1943 年毕业于中央大学化学工程系。1947—1951 年在美国伊利诺伊大学化工系学习，先后获硕士、博士学位。1980 年当选为中国科学院学部委员。主要从事冶金反应动力学、化学反应工程、生化工程等领域的研究。

曾任中国科学院化工冶金研究所（现名过程工程研究所）研究员、副所长。

荣获国家科技进步奖二等奖和三等奖各 1 项，国家自然科学奖二等奖和发明奖三等奖各 1 项。

陈家镛院士于 2006 年 12 月寄语海淀：热爱科技，勤学苦练；奋发图强，振兴中华。

陈能宽　金属物理学、材料科学、工程物理学家　1923 年 4 月 28 日生于湖南慈利。1946 年毕业于唐山交通大学矿冶系。1950 年获美国耶鲁大学博士学位。1980 年当选为中国科学院学部委员。作为核装置全面质量的技术负责人之一，参与了大部分核装置实验方案的制定和实施，为中国原子弹、氢弹的研制、发展做出了贡献。

曾任中国科学院应用物理研究所研究员，二机部第九研究所实验部主任，第九研究院副院长、科技委主任，核工业部与国防科工委科技委兼职副主任，中国工程物理研究院研究员、高级科学顾问。

1982—1985 年获国家自然科学奖一等奖、国家发明奖二等奖及国家科技进步奖特等奖各 1 项。1999 年，中共中央、国务院、中央军委授予他“两弹一星”功勋奖章。

陈能宽院士于 2007 年 2 月 11 日寄语海淀：海淀区青山绿水，人才荟萃。衷心希望，在为经济建设、科技进步及社会各方面的发展作战略谋划时毋忘环保为上，以德为本。

周　镜　岩土工程专家　1925 年 12 月 21 日生于江西南昌。1947 年毕业于上海交通大学土木工程系。1949 年获美国俄亥俄州立大学硕士学位。1994 年当选为中国工程院院士。长期从事铁路路基建设和科研工作，为路基土工的理论和技术的提高和发展，做出了较系统和突出的贡献。

曾任铁道部科学研究院研究员、铁建所所长，中国土木工程学会土力学及基础工程学会理事长，国务院南水北调工程建设委员会专家委员会成员。

荣获国家科技进步奖特等奖、二等奖各 1 项，获首届詹天佑成就奖。

周镜院士于 2006 年 11 月寄语海淀：愿海淀成为我国最有活力、实力、创新精神的和谐社会首善之区。

周炯槃　通信技术专家　1921 年 1 月 5 日生于浙江上虞。1943 年毕业于上海交通大学电机系。1949 年获美国哈佛大学科学硕士学位。1995 年当选为中国工程院院士。中国信息论研究的奠基人、通信网络理论的开拓者。

曾任天津大学教授，北京邮电大学教授、信息工程学院名誉院长。

荣获 1988 年国家教委优秀教材奖特等奖，被授予北京市劳动模范和邮电部系统劳动模范称号。

周炯槃院士于 2006 年 10 月 12 日寄语海淀：建立风险投资机制，营造宽松科研环境，广泛引入创新人才，积极培养青年骨干，促使海淀科技园区向更高更新方向发展，为建设创新型国家做贡献。

周毓麟　数学家　1923 年 2 月 12 日生于上海。1945 年毕业于上海大同大学数学系。1957 年获苏联莫斯科大学副博士学位。1991 年当选为中国科学院学部委员。

我国核武器设计中数学研究工作早期的主要组织者和开拓者之一。在非线性偏微分方程领域，他是我国早期的主要开拓者之一。

曾任核工业部第九研究院部副主任、副所长，中国计算数学学会理事长、名誉理事长，北京应用物理与计算数学研究所研究员。

1982 年获国家自然科学奖一等奖，1985 年获国家科技进步奖特等奖。

周毓麟院士于 2006 年 11 月寄语海淀：海淀是人才聚集之地，应为国家现代化多做贡献。

於崇文　地球化学动力学家　1924 年 2 月 15 日生于上海。1950 年毕业于北京大学地质学系。1995 年当选为中国科学院院士。长期从事地球化学动力学和地质系统复杂性研究。先后开辟和发展了五个创新的学术领域，促进了地球科学从唯象科学向精确科学的跨越。

曾任地质矿产部科学技术高级顾问，国土资源部地质调查局顾问，地质过程与矿产资源国家重点实验顾问，中国地质大学教授。

曾获 1988 年国家科学技术进步奖二等奖，1990 年全国优秀科技图书二等奖，1987 年地质矿产部科技成果奖一等奖和 1985 年、1990 年、1997 年、2003 年二等奖，1991 年李四光地质科学奖等多项奖励。

於崇文院士于 2006 年 12 月寄语海淀：发挥科教优势，培养优秀人才，努力科技创新，引领先进文化，复兴中华民族。

林　群　数学家　1935 年 7 月 15 日生于福建连江。1956 年毕业于厦门大学数学系。1993 年当选为中国科学院学部委员。1999 年当选为第三世界科学院院士。主要从事计算数学、有限元分析研究。

曾任中国科学院系统科学研究所研究员、副所长，中国数学学会副理事长等职。

1989 年获中国科学院自然科学奖一等奖，2001 年获捷克科学院“数学科学成就”荣誉奖章，2004 年获何梁何利基金科学与技术奖。

林群院士于 2006 年 12 月 19 日寄语海淀：求精务实。

郑光美　动物学和鸟类生态学家　1932 年 11 月 30 日生于黑龙江哈尔滨。1954 年毕业于北京师范大学生物学系。2003 年当选为中国科学院院士。多年从事动物学和鸟类学等课程的教学工作，主编或合编《普通动物学》《鸟类学》等多种高校教材。

曾任北京师范大学教授、中国鸟类学会名誉理事长、国际鸟类学委员会资深委员、世界雉类协会副会长等职。

主持编写两种教材获国家教委优秀教材奖，1997 年获国家级优秀教学成果奖，1991 年被评为全国优秀教师，2000 年获国家自然科学奖二等奖。

郑光美院士于 2006 年 12 月寄语海淀：普及科学，保护环境，构建人与自然和谐的新海淀。

郑厚植　物理学家　1942 年 8 月 26 日生于江苏常州。1965 年毕业于清华大学无线电电子学系。1995 年当选为中国科学院院士。长期从事半导体低维系统物理研究，并取得多项先驱性成果。

曾任半导体超晶格国家重点实验室主任，“七五”国家重点大基金项目和“八五”国家攀登计划项目、“九五”国家攀登预选项目、“十五”国家“973”计划项目的首席专家，中国科学院半导体研究所研究员、所长。

曾获中国科学院自然科学奖一等奖。

郑厚植院士于 2006 年 12 月 28 日寄语海淀：做科技产业的先锋，树和谐社会的楷模。

郑哲敏　应用力学家　1924 年 10 月 2 日生于山东济南。1947 年毕业于清华大学机械工程系。1952 年获美国加州理工学院博士学位。1980 年当选为中国科学院学部委员。1994 年选聘为中国工程院院士。1993 年选为美国国家工程科学院外籍院士。中国爆炸力学的奠基人和开拓者之一，中国力学学科建设与发展的组织者和领导者之一。

曾任中国科学院力学研究所研究员、副所长、所长，中国科学院技术科学部主任，中国力学学会理事长等职。

荣获 1982 年国家自然科学奖二等奖，1990 年国家科技进步奖二等奖，1990 年中国科学院自然科学奖一等奖 2 项、科技进步奖一等奖 1 项，1993 年陈嘉庚技术科学奖。

郑哲敏院士于 2006 年 12 月寄语海淀：发扬海淀区科学和技术创新源泉的优良传统。

金怡濂　计算机专家　1929年9月生于天津。1951年毕业于清华大学电机系。1994年当选为中国工程院院士。中国巨型计算机事业开拓者，“神威”超级计算机总设计师，有“中国巨型计算机之父”美誉。

曾任中国工程院信息与电子工程学部主任，国家并行计算机工程技术研究中心研究员、主任等职。

荣获国家科技进步特等奖2项，国家科技进步一等奖1项，2002年荣获国家最高科学技术奖。

金怡濂院士于2006年10月寄语海淀：海淀区是我国重要的文化教育中心、科学研究中心、高新技术产业中心，希望充分发挥优势，努力建成富裕型、知识型、生态型、服务型的新海淀，为首都争光，为国家争光。

娄成后　植物生理学家　1911年12月7日生于天津。1931年毕业于清华大学生物系。1939年获美国明尼苏达大学博士学位。1980年当选为中国科学院学部委员。长期从事植物生理学的教学与科研工作，研究领域主要是植物生长发育过程中物质运输与信息传递的基础与应用研究。

曾任清华大学农学院教授，北京农业大学教授、副校长、研究生院副院长，中国生理学会副理事长，中国农业大学教授等职。

荣获1980年农业部科技成果奖一等奖，1982年国家自然科学奖二等奖，1995年亚洲农业发展基金奖和中华农业科教奖，1996年陈嘉庚基金农业科学奖，2001年明尼苏达州大学授予其荣誉科学博士奖。

娄成后院士于2006年中秋节寄语海淀：海淀区位居首都水源短缺的“龙头”。解放伊始，为了粮食的供应，多方设法提高单位面积产量，效果显著。近些年来，在实现了“三农”现代化的进程中，首先采纳、改进固有的暖窖育苗移栽、多茬复种、果蔬保鲜等优良技术；集水、循环用水、推广杂交育种，预防、减少大地水土污染，自然灾害的损失，在维持环境生态平衡的工作上获得成功！本区任务繁多的领导和与日俱增的居民共同协作，不断做出显著成绩，切盼持续努力改进，扩大实际效益！

胡聿贤　地震工程学家　1922年10月14日生于湖北武昌。1946年毕业于上海交通大学土木工程系。1952年获美国密歇根大学博士学位。1991年当选为中国科学院学部委员。致力于地震学与工程学的结合，在中国开创了地震工程学。

曾任中国科学院工程力学研究所研究员、副所长、所长，国家地震局地球物理研究所研究员等职。

荣获国家科技进步奖二等奖3项，中国地震局科技进步奖一等奖6项、二等奖3项，新闻出版者全国优秀科技图书一等奖1项及何梁何利基金科学与技术进步奖。

胡聿贤院士于2006年9月15日寄语海淀：充分利用海淀区的优势，培养更多高科技人才，迅速发展高科技事业。

胡启恒　自动控制技术专家　女。1934年6月15日生于北京。1963年毕业于苏联莫斯科化工机械学院研究生部，获副博士学位。1994年当选为中国工程院院士。1995年当选为乌克兰国家科学院外籍院士。主要从事模式识别与人工智能、互联网领域的研究和管理方面的工作。我国模式识别与人工智能领域最早的探索者之一。

曾任中国科学院自动化研究所研究员、中国科学院副院长、中国计算机学会理事长、中国自动化学会理事长、中国科协副主席，中国互联网协会理事长等职。

荣获1978年全国科学大会奖和中国科学院重大科技成果奖。

胡启恒院士于2006年10月寄语海淀：应用信息技术为产业结构高端化营造和谐环境。

倪光南　计算机专家　1939年8月1日生于浙江镇海。1961年毕业于南京工学院无线电系。1994年当选为中国工程院院士。我国最早从事汉字信息处理和模式识别研究的学者之一，提出并实现在汉字输入中应用联想功能。

曾任中国科学院计算技术研究所研究员、联想集团首任总工程师、中国中文信息学会理事长等职。

荣获1988年、1992年国家科技进步奖一等奖各1项。

倪光南院士于2006年12月15日寄语海淀：海淀区拥有最著名的高校和研究院所，拥有顶级的科技人才。在改革开放中海淀区中关村在“产学研相结合”方面得天独厚，培育出了联想、方正等一批龙头企业，成为中国高技术企业的摇篮和集聚地。今后海淀区应坚持以人为本，发挥人才优势，继承和发扬“产学研相结合”的经验，完善支持自主创新的环境，争取使海淀区成为中国最有活力的创新发源地，为建设创新型国家和构建和谐社会做出新贡献。

唐有祺　物理化学家　1926 年 7 月 11 日生于上海。1942 年毕业于同济大学化学系。1950 生获美国加州理工学院博士学位。1980 年当选为中国科学院学部委员。长期从事物理化学的教学和科研工作。主要从事晶体体相结构和晶体化学，生物大分子晶体结构和生命过程化学问题、结构和分子工程学等领域的研究。

曾任清华大学教授，北京大学教授、物理化学研究所所长，国家教委科技委主任，中国化学会理事长等职。

1987 年获国家自然科学奖二等奖。

唐有祺院士于 2006 年 11 月 18 日寄语海淀：从 1951 秋回国任教于清华大学起，我就定居在海淀区，迄今已逾五十五载。其间 1952 年春节得与 1946 年同舟赴美又同年回国的张丽珠女士完婚于沪滨，秋季随院系调整移教新北大，遂在 1953 年养儿和 1954 年育女于海淀。海淀区之于我虽非乡里实胜似乡里。海淀区在半个世纪以来国民经济能与科技和文教事业互相推动、相互促进，发展一直较快，是发挥了本区特色的作用；而在最近二十多年中海淀区明确了对外开放、建设四个现代化和科教兴国等国策后，本区优势得以进一步发挥，发展尤为迅猛，进展确实更为喜人了。现在海淀区正当百尺竿头继续向前发展之际，响亮地提出了建设“四型海淀”的奋进目标。发展富裕型、构建知识型、打造生态型和创建服务型的四型海淀既有助于我国早日进入创新国家行列，也当有利于建设人与人以及人与自然全面协调的和谐社会。

夏培肃　计算机专家　女。1923 年 7 月 28 日生于重庆。1945 年毕业于中央大学电机系。1950 年获英国爱丁堡大学博士学位。1991 年当选为中国科学院学部委员。主要从事计算机体系结构研究。20 世纪 50 年代设计试制成功中国第一台自行设计的通用电子数字计算机。

曾任中国科学院数学研究所副研究员、近代物理研究所副研究员、计算技术研究所研究员等职。

夏培肃院士于 2006 年 10 月寄语海淀：保持特色，为构建社会主义和谐社会做贡献。

徐叙瑢　发光学家　1922 年 4 月 23 日生于山东临沂。1945 年毕业于西南联合大学物理系。1955 年获苏联科学院列别捷夫物理研究所副博士学位。1980 年当选为中国科学院学部委员。我国发光学的重要开创者和奠基人。

曾任中国科学院长春物理研究所研究员、所长、名誉所长，中国科学院长春分院副院长，北京交通大学教授、光电子技术研究所名誉所长。

1991 年获中国科学院科技进步奖二等奖，1999 年获何梁何利基金科学与技术进步奖。

徐叙瑢院士于 2006 年 9 月 19 日寄语海淀：海淀区人才济济，实力与日俱增，在国家向创新型转化期间，希望有关领域中，负起技术创新及科学创新的双重任务，逐步增加科学创新的比重。

徐晓白　环境化学、无机化学家　女。1927 年 5 月 28 日生于江苏苏州。1948 年毕业于上海交通大学化学系。1995 年当选为中国科学院院士。早期从事无机化学研究，在卤磷酸钙日光灯荧光材料、稀土高温化合物和某些铀化物制备等方面取得成果；20 世纪 70 年代中期以来，主要从事持久性有机污染物（多环芳烃及其衍生物硝基多环芳烃、多氯联苯、二噁英等）的环境分析化学、污染化学和生态毒理学研究。

曾任中国科学院环境化学研究所研究员、中国科学院生态环境研究中心研究员等职。

1959 年荣获全国“三八红旗手”称号，1989 年获国家自然科学奖三等奖，1999 年获中科院自然科学奖一等奖，2001 年获何梁何利基金科学与技术进步奖，2005 年获国家自然科学奖二等奖。

徐晓白院士寄语海淀：培育和谐环境，激发精英潜力，和平崛起，为创新高端科技服务。

涂光炽　矿床学、地球化学家　1920 年 2 月 14 日生于北京。1944 年毕业于西南联合大学地质系。1949 年获美国明尼苏达大学博士学位。1980 年当选为中国科学院学部委员。1993 年当选为第三世界科学院院士。中国科学院地球化学研究所和广州地球化学研究所的奠基人，为地球科学的发展做出贡献。

曾任中国科学院地球化学研究所研究员、所长、名誉所长，中国科学院地学部主任。

1982 年获国家自然科学奖二等奖，1987 年获国家自然科学奖一等奖。2006 年获国家自然科学奖二等奖。

涂光炽院士于 2006 年 10 月寄语海淀：更上一层楼。

郭慕孙　化学工程学家　1920 年 5 月 9 日生于湖北汉阳。1943 年毕业于沪江大学化学系。1947 年获美国普林斯顿大学硕士学位。1980 年当选为中国科学院学部委员。1997 年当选为瑞士工程科学院外籍院士。郭慕孙在流态化反应工程、冶金过程物理化学方面有很高的造诣，是国际流态化研究的前驱者之一。

曾任中国科学院化工冶金研究所研究员、所长、名誉所长，中国化学工程学会副理事长，中国科学院过程工程研究所研究员、名誉所长。

20 世纪 50 年代在美国获 3 项专利，在国内获 17 项专利（包括合作），1982 年和 1990 年分别获国家自然科学奖二等奖，1989 年在加拿大获国际流态化成就奖。

郭慕孙院士于 2006 年 9 月 22 日寄语海淀：培养人才，造就人才使用人才，创新知识，创新技术。

陶诗言　气象学家　1919 年 8 月 1 日生于浙江嘉兴。1942 年毕业于中央大学地理系。1980 年当选为中国科学院学部委员。中国现代气象学的主要奠基人之一。长期从事大气环流和天气动力学研究。为我国现代天气预报业务的建立做出了重要贡献；为“两弹”试验提供了成功的气象保障，荣立一、二等功。

曾任中国科学院大气物理研究所研究员、代所长，中国气象学会理事长、名誉理事长等职。

1987 年获国家自然科学奖一等奖，1994 年获中国科学院自然科学奖一等奖，1996 年获何梁何利基金科学与技术进步奖。

陶诗言院士于 2007 年 1 月寄语海淀：海淀区人杰地灵。愿今后工作更上一层楼。

顾国彪　电机学专家　1936 年 6 月 2 日生于上海。1958 年毕业于清华大学电机系。1997 年当选为中国工程院院士。长期从事大型电机蒸发冷却研究与产业化工作。

曾任中国科学院电工研究所研究员、学位评定委员会主任。

曾荣获国家科技进步奖二等奖 2 项，全国科学大会奖，部委级科技进步奖一等奖 2 项、二等奖 1 项，四部委的个人特殊贡献奖，2005 年何梁何利基金科学与技术进步奖。

顾国彪院士于 2006 年 11 月寄语海淀：时逢盛世话京城，人文我区众口称；科技创新有优势，富强大道应先奔；绿色环保要引领，和谐社会扬名声。

顾夏声　环境工程专家　1918 年 5 月 6 日生于江苏无锡。1941 年毕业于上海交通大学土木工程系。1948 年获美国得克萨斯州农工大学卫生工程硕士学位。1995 年当选为中国工程院院士。清华大学教授。长期从事教学和科研工作，在国内外首次提出 UASB 反应器内厌氧颗粒污泥的结构模型和颗粒污泥形成机理的“晶核生长”学说。

荣获国家教委科技进步奖一等奖及优秀教材奖。

顾夏声院士于 2006 年 10 月寄语海淀：保护环境，人人有责。

黄纬禄　自动控制专家、火箭与导弹控制技术专家　1916 年 12 月 18 日生于安徽芜湖。1940 年毕业于中央大学电机系。1947 年获英国伦敦大学帝国学院硕士学位。1991 年当选为中国科学院学部委员。国际宇航科学院院士。我国固体战略导弹的奠基人。成功主持研制潜地和地地固体机动战略导弹，使我国成为世界第四个能从核潜艇发射固体战略导弹的国家。

曾任北京通信兵部电子科学研究院研究员，国防部第五研究院设计部主任，七机部第一、二研究院副院长、总工程师，航天部科技委副主任，中国宇航学会副理事长等职。

荣获国家科技进步奖特等奖，“求是”基金杰出科学家奖，1999 年中共中央、国务院、中央军委授予他“两弹一星”功勋奖章，并被授予“全国优秀科技工作者”称号和获“五一”劳动奖章。

黄纬禄院士于 2006 年 10 月寄语海淀：独创第一，精益求精。

黄祖洽　理论物理与核物理学家　1924 年 10 月 2 日生于湖南长沙。1948 年毕业于清华大学物理系。1980 年当选为中国科学院学部委员。主要从事核理论、中子理论、反应堆理论、运输理论及非线性动力学等方面的研究。是中国核武器理论研究和设计的主要学术带头人之一，在一系列科学试验研究中做出了重要贡献。

曾任二机部第九研究所副所长、中国原子能研究所副所长、北京师范大学教授、低能核物理研究所所长。

1982 年获国家自然科学奖一等奖，1991 年获国家教委科技进步奖一等奖，1996 年获何梁何利科学与技术进步奖。

黄祖洽院士于 2006 年秋寄语海淀：科学发展，和谐可期。

彭桓武　物理学家　1915 年 10 月 6 日生于吉林长春。1935 年毕业于清华大学物理系。1940 年获英国爱丁堡大学哲学博士学位。1948 年当选为爱尔兰皇家科学院院士。1955 年被选聘为中国科学院学部委员。长期从事理论物理的基础与应用研究。先后在我国开展了关于原子核、双粒子化学键、钢锭快速加热工艺、反应堆理论和工程设计以及临界安全等方面的研究工作；对中国第一代原子弹和氢弹的研究和理论设计做出了重要贡献。

曾任中国科学院理论物理研究所研究员、所长、名誉所长。

1982 年获国家自然科学奖一等奖，1985 年获国家科技进步奖特等奖，1999 年中共中央、国务院、中央军委授予他“两弹一星”功勋奖章。2006 年 6 月 13 日，经国际天文学联合会小天体命名委员会批准，将我国科学家发现的、国际永久编号为第 48798 号的小行星正式命名为“彭桓武星”。

彭桓武院士于 2006 年寄语海淀：技术居世界前列，科学为人民幸福。

曾士迈　植物病理学专家　1926 年 4 月 8 日生于北京。1948 年毕业于北京大学农学院植物病系。1995 年当选为中国工程院院士。主要从事开拓植物免疫学和流行学交叉领域的研究。

曾任北京农业大学教授、有害生物综合防治研究所所长，中国植物保护学会副理事长，中国植物病理学会理事长等职。

曾荣获国家教委科技进步奖二等奖，农业部优秀教材一等奖。

曾士迈院士于 2006 年 11 月 3 日寄语海淀：自然和历史赋予你的秀美和洁净能长期保持，社会和国家赐给你的智慧和能量能全国共享，你的精神文明和物质文明能和谐而持续地发展。

曾庆存　大气科学和地球流体力学家　1935 年 5 月 4 日生于广东阳江。1956 年毕业于北京大学物理系。1961 年获苏联科学院副博士学位。1980 年当选为中国科学院学部委员。1994 年当选为俄罗斯科学院外籍院士，1995 年当选为第三世界科学院院士。在大气动力学、地球流体力学、数值天气预告理论、气候数值模拟和预测理论、计算数学、大气遥感理论以及自然控制论等方面都有创造性的贡献。

曾任中国科学院大气物理研究所研究员、所长，大气科学和地球流体力学数值模拟国家重点实验室主任，国际气候和环境科学中心主任，中国气象学会理事长，中国海洋学会副理事长、名誉理事长，中国工业与应用数学学会理事长，中国科协副主席等职。

1987 年获国家自然科学奖二等奖和三等奖各 1 项，2004 年获国家自然科学奖二等奖，1988 年至 2002 年获中国科学院自然科学奖一等奖 5 项，1995 年获何梁何利基金科学与技术进步奖。1980 年获“全国劳动模范”称号，1989 年获“全国先进工作者”称号。

曾庆存院士于 2007 年 1 月寄语海淀：海淀名区，我国教育、科技、文化胜地，也应发展成为管领世界风骚的教科文中心。

董玉琛　作物种质资源专家　女。1926 年 6 月 11 日生于河北高阳。1950 年毕业于河北省立农学院作物系。1959 年获苏联哈尔科夫农学院副博士学位。1999 年当选为中国工程院院士。我国作物种质资源学科奠基人之一，学科带头人，在作物种质资源保护和研究方面做出重要贡献。主持国家作物种质库（长期库）的建设及随后的投入使用，该库是世界上容量大、设备先进的作物种质库之一。

曾任中国农业科学院作物品种资源研究所研究员、所长，中国农学会遗传资源学会理事长，中国作物学会名誉理事长，中国农业科学院作物科学研究所研究员。

获国家科技进步二等奖及多项省部级成果奖。

董玉琛院士于 2006 年 11 月寄语海淀：知识就是力量，科学孕育发展。

蒋有绪　森林生态学家　1932 年 5 月 21 日生于上海。1954 年毕业于北京大学生物系。1999 年当选为中国科学院院士。长期从事天然林区综合考察与研究。

曾任中国林业科学研究院森林生态与保护研究所研究员、名誉所长。

荣获林业部 1989 年科技进步奖二等奖、1990 年科技进步奖一等奖、1991 年和 1992 年科技进步奖二等奖，国家环保局 1991 年科技进步奖一等奖，1999 年国家环境科技进步奖一等奖。

蒋有绪院士于 2006 年 11 月寄语海淀：汇聚菁英，引领时代。

谢家麟　加速器物理学家　1920 年 8 月 8 日生于黑龙江哈尔滨。1943 年毕业于燕京大学物理系。1951 年获美国斯坦福大学博士学位。1980 年当选为中国科学院学部委员。曾领导研制成功世界上能量最高的医用电子直线加速器，领导北京正负电子对撞机工程的设计、研制和建造，领导建成北京自由电子激光装置。

曾任中国科学院高能物理研究所研究员、副所长，中国加速器学会名誉理事长。

1994 年获国家科技进步奖特等奖，中国科学院科技进步奖特等奖。

谢家麟院士于 2006 年寄语海淀：发扬传统优势，保持当代先锋。

滕吉文　地球物理学家　1934 年 3 月 14 日生于黑龙江哈尔滨。1956 年毕业于东北地质学院地球物理系。1962 年获苏联科学院大地物理研究所副博士学位。1999 年当选为中国科学院院士。长期从事岩石圈物理学研究。

曾任中国科学院地质与地球物理研究所研究员。

曾荣获国家自然科学奖一等奖，中国科学院自然科学奖与科技进步奖一等奖 3 项、特等奖和国家攻关奖等。

滕吉文院士于 2006 年 9 月寄语海淀：力量源于科技进步，光辉源于实践创新。

翟中和　细胞生物学家　1930 年 8 月 18 日生于江苏溧阳。1950 年清华大学学习。1956 年苏联列宁格勒大学毕业。1959 年苏联科学院生物物理研究所进修。1991 年当选为中国科学院学部委员。先后从事放射生物学、细胞超微结构、动物病毒学与细胞生物学的科研与教学。

曾任北京大学生物系教授、生命科学院教授、学术委员会主任，亚洲—太平洋地区细胞生物学联盟副主席，第四届亚洲—太平洋地区细胞生物学大会副主席，中国细胞生物学会副理事长、北京市学位委员会副主任委员。

获得国家自然科学奖二等、三等、四等奖各 1 项，1993 年、1994 年、1998 年、2000 年、2006 年，分别获中国高校自然科学奖一等奖、国家教委科学技术进步奖一等奖 5 项，1995 年国家科技进步奖三等奖，农业部科学技术进步奖一等奖，何梁何利科学与技术进步奖，1994 年钱临照电子显微学奖，2004 年桥本初次郎电子显微学奖。

翟中和院士寄语海淀：海淀是知识分子最密集之地，也是大学和科研机构最集中之地。应十分重视环境安全与环境建设。建设一个愉快、整洁又美观的海淀是要首先考虑的。

戴元本　理论物理、粒子物理学家　1928 年 7 月 31 日生于江苏南京。1952 年毕业于南京大学物理系。1980 年当选为中国科学院学部委员。主要从事量子场论和粒子物理理论方面的研究。

曾任中国科学院理论物理研究所研究员、中国高能物理学会理事长。

1982 年获国家自然科学奖二等奖。

戴元本院士寄语海淀：共同努力，建设创新基地教育高峰。

魏寿昆　冶金学与冶金物理化学家　1907 年 9 月 16 日生于天津。1929 年毕业于北洋大学矿冶系。1935 年获德国德累斯顿工业大学工学博士学位。1935—1936 年在德国亚琛工业大学钢铁冶金研究所从事博士后研究。1980 年当选为中国科学院学部委员。长期从事钢铁冶金及冶金物理化学教学和科研工作，培养了大批冶金及冶金物理化学人才。

曾任北洋大学教授、工学院院长，天津大学教授、副教务长，北京钢铁学院教授、教务长、副院长，北京科技大学教授。

荣获国家教委 1987 年科技进步奖二等奖，1991 年、1992 年科技进步奖一等奖，1993 年国家自然科学奖三等奖，1997 年何梁何利基金科学与技术进步奖。

魏寿昆院士于 2006 年 10 月寄语海淀：弘扬优势，开拓创新。